2CORÍNTIOS

MAX LUCADO

Lições de vida

2CORÍNTIOS

RELEMBRANDO O QUE É IMPORTANTE

Traduzido por DANIEL FARIA

mundocristão
São Paulo

Os textos de referência bíblica foram extraídos da *Nova Versão Internacional* (NVI), da Biblica, Inc., salvo indicações específicas.

Dados Internacionais de Catalogação na Publicação (CIP)
(Câmara Brasileira do Livro, SP, Brasil)

Lucado, Max
2Coríntios : relembrando o que é importante / Max Lucado; traduzido por Daniel Faria.
— São Paulo: Mundo Cristão, 2014. — (Coleção lições de vida)

Título original: Book of 2Corinthians: Remembering What Matters.
Bibliografia.

1. Bíblia. N.T. Coríntios, 1. — Comentários 2. Bíblia. N.T. Epístolas de Paulo — Comentários I. Título. II. Série.

13-01657 CDD-227.307

Índice para catálogo sistemático:
1. Coríntios,2: Epístolas paulinas: Comentários 227.307
Categoria: Estudo Bíblico

Publicado no Brasil com todos os direitos reservados por:
Editora Mundo Cristão
Rua Antônio Carlos Tacconi, 79, São Paulo, SP, Brasil, CEP 04810-020
Telefone: (11) 2127-4147
www.mundocristao.com.br

1ª edição: junho de 2014

Sumário

Estudar a Bíblia é um dos grandes privilégios que recebemos do Senhor. É desejo dele que conheçamos sua Palavra inspirada, que é *útil para o* ensino, *para a repreensão, para a correção e para a instrução na justiça, para que o homem de Deus seja apto e plenamente preparado para toda boa obra* (2Tm 3.16-17). Somos incentivados a crescer *na graça e no* conhecimento *de nosso Senhor e Salvador Jesus Cristo* (2Pe 3.18). O próprio Jesus nos ensinou a amar a Deus de todo o nosso *entendimento* (Mc 12.30).

Para atingir esses objetivos, ele designou alguns como *pastores e mestres*, a fim de edificar seu povo e conduzi-lo à maturidade na fé (cf. Ef 4.11-16), e Max Lucado, como um desses vocacionados, tem se comprometido com o reino no ensino da Palavra. Por isso, temos a satisfação de oferecer à Igreja evangélica este valioso material didático para ser usado em grupo, porque acreditamos que o estudo em conjunto torna o aprendizado interessante, rico e produtivo (cf. Pv 27.17). Porém, não existe nenhum impedimento ao estudo individual.

A fim de tornar o aprendizado mais eficaz, apresentamos algumas dicas importantes:

1. Antes de tudo, ore e peça orientação ao Senhor para que a Palavra seja ensinada e entendida com fidelidade e clareza.
2. Prepare-se adequadamente. Familiarize-se bem com cada lição e não deixe de buscar subsídios para enriquecer o ensino.
3. Torne o aprendizado interativo e incentive a participação de todo o grupo.
4. Trate com respeito todas as contribuições dos participantes. Se houver necessidade de divergir de alguma ideia ou corrigi-la, faça-o com mansidão e brandura (Gl 6.1; Ef 4.2; Tt 3.2; Tg 3.13).
5. Evite que uma pessoa domine a discussão. Isso inclui o líder. Assim, para proporcionar o crescimento do grupo, resista à tentação de dominar ou manipular a coletividade e impor seus próprios pontos de vista.

6. Use a imaginação e a criatividade para incrementar as aulas. Recorra a símbolos visuais, vídeos, músicas, dramatizações etc. Lembre-se: faça isso com moderação.

Esperamos que estas orientações e sugestões sejam úteis para todos os membros do grupo; que todos cresçam juntos e façam destes estudos um marco em sua formação espiritual, com o objetivo de serem a cada dia mais parecidos com Jesus, nosso Senhor e Salvador.

Os Editores

Você tem um livro especial em mãos. Palavras esculpidas em outras línguas. Ações ocorridas em épocas distantes. Acontecimentos registrados em terras longínquas. Conselhos oferecidos a um povo estrangeiro. Esse é um livro singular.

É de surpreender que alguém o leia. É antigo demais. Alguns dos escritos datam de cinco mil anos atrás. É esquisito demais. O livro fala de enchentes incríveis, incêndios, terremotos e pessoas com habilidades sobrenaturais. É radical demais. A Bíblia convida à devoção eterna a um carpinteiro que chamava a si mesmo de Filho de Deus.

A lógica diz que esse livro não sobreviveria. Antigo demais, esquisito demais, radical demais.

A Bíblia foi proibida, queimada, escarnecida e ridicularizada.

Acadêmicos zombaram dela. Reis decretaram sua ilegalidade. Mais de mil vezes, a cova foi aberta e o canto fúnebre começou a ser entoado, mas, por alguma razão, a Bíblia nunca permaneceu na sepultura. Não somente sobreviveu; ela prosperou. É o livro mais popular em toda a história. Há anos tem sido o mais vendido no mundo!

Não existe na terra uma explicação para isso. Essa, talvez, seja a única explicação. A resposta? A durabilidade da Bíblia não se encontra na terra; encontra-se no céu. Para os milhões que testaram suas afirmações e reivindicaram suas promessas, há somente uma resposta: a Bíblia é o livro e a voz de Deus.

Ao ler, seria sábio de sua parte pensar um pouco acerca de duas perguntas: Qual o propósito da Bíblia? Como devo estudá-la? O tempo gasto na reflexão dessas duas questões vai engrandecer consideravelmente seu estudo bíblico.

Qual o propósito da Bíblia?

Permita que ela própria responda a essa pergunta: *Porque desde criança você conhece as Sagradas Letras, que são capazes de torná-lo sábio para a salvação mediante a fé em Cristo Jesus* (2Tm 3.15).

O propósito da Bíblia? Salvação. O maior desejo de Deus é trazer seus filhos para casa. O livro dele, a Bíblia, descreve seu plano de salvação. O propósito da Bíblia é proclamar o plano e o desejo de Deus de salvar seus filhos.

É essa a razão de a Bíblia ter resistido ao longo dos séculos. Ela tem a ousadia de enfrentar as questões mais difíceis a respeito da vida: Para onde vou depois de morrer? Existe um Deus? O que faço com os meus medos? A Bíblia oferece respostas a essas questões cruciais. É o mapa que nos conduz ao maior tesouro de Deus: a vida eterna.

Mas como usamos a Bíblia? Inúmeros exemplares das Escrituras repousam não lidos em estantes e cabeceiras pelo simples fato de as pessoas não saberem como lê-la. O que podemos fazer para torná-la real em nossa vida?

A resposta mais clara encontra-se nas palavras de Jesus. Ele prometeu: *Peçam, e lhes será dado; busquem, e encontrarão; batam, e a porta lhes será aberta* (Mt 7.7).

O primeiro passo na compreensão da Bíblia é pedir a Deus para ajudar-nos. Devemos ler em oração. Se alguém compreende a Palavra de Deus, é por causa de Deus, e não do leitor: *Mas o Conselheiro, o Espírito Santo, que o Pai enviará em meu nome, lhes ensinará todas as coisas e lhes fará lembrar tudo o que eu lhes disse* (Jo 14.26).

Antes de ler a Bíblia, ore. Convide Deus para falar com você. Não vá às Escrituras procurando por *sua* maneira de pensar; vá em busca da maneira de pensar *dele*.

Não devemos ler a Bíblia somente em oração; devemos lê-la com cuidado. A garantia é: *busquem, e encontrarão*. A Bíblia não é um jornal a ser folheado, mas uma mina a ser garimpada: *se procurar a sabedoria como se procura a prata e buscá-la como quem busca um tesouro escondido, então você entenderá o que é temer o SENHOR e achará o conhecimento de Deus* (Pv 2.4-5).

Qualquer achado valioso requer esforço. A Bíblia não é exceção. Para compreendê-la, você não precisa ser brilhante, mas tem de estar disposto a arregaçar as mangas e procurar, *como obreiro que não tem do que se envergonhar e que maneja corretamente a palavra da verdade* (2Tm 2.15).

Eis um ponto prático: estude a Bíblia um pouco de cada vez. Não se sacia a fome comendo 21 refeições de uma só vez a cada semana. O corpo precisa de uma dieta constante para permanecer forte. O mesmo acontece com a alma. Quando Deus enviou alimento a seu povo, no deserto, ele não providenciou pães prontos. Em vez disso, enviou o maná, desta forma: *flocos finos semelhantes a geada [...] sobre a superfície do deserto* (Êx 16.14).

Deus concedeu maná em porções ilimitadas e envia alimento espiritual da mesma forma: abrindo os céus com nutrientes suficientes para a fome de hoje e providenciando *ordem sobre ordem, regra e mais regra; um pouco aqui, um pouco ali* (Is 28.10).

Não desanime se a colheita de sua leitura parece pequena. Há dias em que uma porção menor é tudo o de que precisamos. O importante é buscar diariamente a mensagem daquele dia. Uma dieta constante da Palavra de Deus no decorrer da vida edifica a saúde da mente e da alma.

Uma garotinha voltou de seu primeiro dia na escola. A mãe perguntou:

— Você aprendeu alguma coisa?

— Pelo visto, não aprendi o bastante — a menina respondeu. — Tenho de voltar amanhã, depois de amanhã e depois de depois de amanhã...

É assim que funciona a aprendizagem e é assim que funciona o estudo da Bíblia. A compreensão vem pouco a pouco, ao longo da vida.

Há um terceiro passo na compreensão da Bíblia. Depois do pedido e da busca, vem a batida. Depois de perguntar e procurar, você bate: *batam, e a porta lhes será aberta* (Mt 7.7).

Bater é estar diante da porta de Deus. Ficar disponível. Subir as escadas, cruzar o pórtico, colocar-se à porta e se voluntariar. Bater vai além da esfera do pensamento e entra na esfera da ação. Bater é perguntar: O que posso fazer? Como posso obedecer? Aonde posso ir?

Uma coisa é saber o que fazer. Outra é fazer. Mas para aqueles que fazem, que escolhem obedecer, uma recompensa especial os aguarda: *Mas o homem que observa atentamente a lei perfeita, que traz a liberdade, e persevera na prática dessa lei, não esquecendo o que ouviu mas praticando-o, será feliz naquilo que fizer* (Tg 1.25).

Uma promessa e tanto! A felicidade vem para quem pratica o que lê! É o mesmo com medicamentos. Se você apenas ler o rótulo, mas ignorar as pílulas, de nada vai adiantar. É o mesmo com comida. Se você apenas ler a receita, mas nunca cozinhar, não vai ser alimentado. Dá-se o mesmo com a Bíblia. Se você apenas ler as palavras, mas nunca obedecer, jamais conhecerá a alegria que Deus prometeu.

Peça. Procure. Bata. Simples, não é? Por que então não tentar? Se o fizer, entenderá por que você tem nas mãos o livro mais extraordinário da história.

Na escola de um pequeno vilarejo, havia uma menina que sempre chegava antes do horário. Ela ajudava a professora a deixar a sala preparada para o dia. Também ficava até mais tarde, limpando a lousa e sacudindo os apagadores. Durante a aula, prestava atenção. Sentava-se perto da professora, absorvendo as lições.

Certo dia, quando as demais crianças estavam desatentas e desobedientes, a professora usou a menina como exemplo a seguir.

— Por que vocês não são como ela? Ela presta atenção. Faz os trabalhos. Chega cedo. Fica até tarde.

— Não é justo pedir que a gente seja como ela — deixou escapar um menino que estava no fundo da sala.

— Por quê? — perguntou a professora.

O menino sentiu-se incomodado, desejando não ter dito nada.

— Ela tem uma vantagem — disse, quase sussurrando. — Ela é órfã.

O menino estava certo. A menina tinha uma vantagem. A vantagem de saber que a escola, por mais tediosa que fosse, era melhor que o orfanato. Ciente disso, ela apreciava aquilo que os outros desprezavam.

Nós também somos órfãos.

Sozinhos.

Sem nome. Sem futuro. Sem esperança.

Não fosse nossa adoção como filhos dele, não pertenceríamos a lugar nenhum. Às vezes nos esquecemos disso.

Os coríntios se esqueceram.

Ficaram arrogantes em seus feitos e desunidos em sua comunhão. Discutiam sobre o líder correto, os maiores dons. Rebelaram-se contra a liderança de Paulo. Estavam indiferentes ao pecado e insensíveis à adoração.

Paulo defende seu ministério e adverte os cristãos de se lembrarem de a quem pertencem. "Examinem-se", diz Paulo (cf. 2Co 13.5). As palavras do apóstolo são claras. "Portanto, se alguém está em Cristo, é nova criação. As coisas antigas já passaram; eis que surgiram coisas novas!" (cf. 2Co 5.17).

Ótimo lembrete.

Não só para eles, mas para nós também. Pois, se esquecermos, também seremos como os alunos que faziam apenas o suficiente para passar de ano e nunca o necessário para mostrar gratidão.

LIÇÃO 1

SOFRIMENTO

REFLEXÃO

A vida é cheia de altos e baixos. Podemos estar ali, seguindo viagem, tudo funcionando perfeitamente. Então, de repente, inesperadamente, as rodas saem dos trilhos e nos vemos no buraco, perguntando: "O que aconteceu?". Qual desses extremos melhor descreve sua vida neste momento?

SITUAÇÃO

Menos de um ano depois de escrever 1Coríntios, Paulo redigiu esta epístola. Circunstâncias imprevistas o forçaram a adiar uma visita programada a Corinto. Essa mudança de planos deu munição a falsos mestres da cidade, que acusaram Paulo de não ser confiável nem um verdadeiro apóstolo — acusações que o entristeceram profundamente e levaram muitos a questionar suas motivações. Paulo encontrou conforto em Deus.

OBSERVAÇÃO

Leia 2Coríntios 1.1-11 na NVI ou na RA.

Nova Versão Internacional

1 Paulo, apóstolo de Cristo Jesus pela vontade de Deus, e o irmão Timóteo,
à igreja de Deus que está em Corinto, com todos os santos de toda a Acaia: 2 A
vocês, graça e paz da parte de Deus nosso Pai e do Senhor Jesus Cristo. 3 Ben-
dito seja o Deus e Pai de nosso Senhor Jesus Cristo, Pai das misericórdias e
Deus de toda consolação, 4 que nos consola em todas as nossas tribulações, para
que, com a consolação que recebemos de Deus, possamos consolar os que estão
passando por tribulações. 5 Pois assim como os sofrimentos de Cristo transbor-
dam sobre nós, também por meio de Cristo transborda a nossa consolação. 6 Se
somos atribulados, é para consolação e salvação de vocês; se somos consolados, é

para consolação de vocês, a qual lhes dá paciência para suportarem os mesmos sofrimentos que nós estamos padecendo. 7 E a nossa esperança em relação a vocês está firme, porque sabemos que, da mesma forma como vocês participam dos nossos sofrimentos, participam também da nossa consolação.

8 Irmãos, não queremos que vocês desconheçam as tribulações que sofremos na província da Ásia, as quais foram muito além da nossa capacidade de suportar, ao ponto de perdermos a esperança da própria vida. 9 De fato, já tínhamos sobre nós a sentença de morte, para que não confiássemos em nós mesmos, mas em Deus, que ressuscita os mortos. 10 Ele nos livrou e continuará nos livrando de tal perigo de morte. Nele temos colocado a nossa esperança de que continuará a livrar-nos, 11 enquanto vocês nos ajudam com as suas orações. Assim muitos darão graças por nossa causa, pelo favor a nós concedido em resposta às orações de muitos.

Almeida Revista e Atualizada

1 Paulo, apóstolo de Cristo Jesus pela vontade de Deus, e o irmão Timóteo, à igreja de Deus que está em Corinto e a todos os santos em toda a Acaia, 2 graça a vós outros e paz, da parte de Deus, nosso Pai, e do Senhor Jesus Cristo. 3 Bendito seja o Deus e Pai de nosso Senhor Jesus Cristo, o Pai de misericórdias e Deus de toda consolação! 4 É ele que nos conforta em toda a nossa tribulação, para podermos consolar os que estiverem em qualquer angústia, com a consolação com que nós mesmos somos contemplados por Deus. 5 Porque, assim como os sofrimentos de Cristo se manifestam em grande medida a nosso favor, assim também a nossa consolação transborda por meio de Cristo. 6 Mas, se somos atribulados, é para o vosso conforto e salvação; se somos confortados, é também para o vosso conforto, o qual se torna eficaz, suportando vós com paciência os mesmos sofrimentos que nós também padecemos. 7 A nossa esperança a respeito de vós está firme, sabendo que, como sois participantes dos sofrimentos, assim o sereis da consolação. 8 Porque não queremos, irmãos, que ignoreis a natureza da tribulação que nos sobreveio na Ásia, porquanto foi acima das nossas forças, a ponto de desesperarmos até da própria vida. 9 Contudo, já em nós mesmos, tivemos a sentença de morte, para que não confiemos em nós, e sim no Deus que ressuscita os mortos; 10 o qual nos livrou e livrará de tão grande morte; em quem temos esperado que ainda continuará a livrar-nos, 11 ajudando-nos também vós, com as vossas orações a nosso favor, para que, por muitos, sejam dadas graças a nosso respeito, pelo benefício que nos foi concedido por meio de muitos.

Exploração

1. Em que sentido as cartas de Paulo diferem das cartas e dos *e-mails* que você escreve?

2. Como Paulo descreve Deus?

3. Como você explicaria a diferença entre esperança e conforto?

4. Paulo nos dá uma visão de seu estado emocional durante a pior de suas provações recentes. Que palavras e frases ele usa?

5. De acordo com Paulo, que aspectos positivos podem resultar dos momentos em que buscamos Deus durante as provações da vida?

Inspiração

"Ao anoitecer seus discípulos desceram para o mar, entraram num barco e começaram a travessia para Cafarnaum. Já estava escuro, e Jesus ainda não tinha ido até onde eles estavam. Soprava um vento forte, e as águas estavam agitadas" (Jo 6.16-18).

Eles fizeram exatamente o que Jesus disse e olha só o que tiveram de enfrentar! Uma noite num mar turbulento, com seu Mestre em algum lugar da costa.

Uma coisa é sofrer por fazer o errado. Outra bem diferente é sofrer por fazer o certo. Mas acontece. E quando a tempestade irrompe, leva consigo a suposição ingênua de que, se eu fizer o certo, nunca sofrerei.

Basta perguntar ao casal fiel cujo berço está vazio e cujo útero é estéril.

Basta perguntar ao empresário cujo trabalho honesto foi recompensado com uma inflação galopante.

Basta perguntar ao estudante que defendeu a verdade e foi ridicularizado... ao marido que deu uma chance à esposa e a perdoou, só para ser traído novamente.

E assim o vento sopra.

E assim o barco balança.

E assim os discípulos perguntam: "Por que a tempestade, e onde está Jesus?".

Marcos nos diz que, durante a tempestade, Jesus "viu os discípulos remando com dificuldade" (Mc 6.48). No meio da noite ele os viu. No meio da tempestade ele os viu. E, como um pai amoroso, esperou. Esperou até o tempo certo, até o momento certo. Esperou até saber que era hora de ir — e então foi.

Por que aquele era o momento certo? Não sei dizer. Por que a hora nona era melhor do que a quarta ou a quinta? Não tenho como responder a isso. Por que Deus espera até o dinheiro acabar? Por que espera até a doença se prolongar? Por que escolhe esperar até o pós-túmulo para responder às orações de cura?

Não sei. Só sei que o tempo do Senhor é sempre correto. Só posso dizer que ele fará o que é melhor. "Acaso Deus não fará justiça aos seus escolhidos, que clamam a ele dia e noite? Continuará fazendo-os esperar?" (Lc 18.7).

Mesmo que você nada ouça, ele está falando. Mesmo que você nada veja, ele está agindo. Com Deus não há acasos. Todo incidente pretende nos trazer para mais perto dele.

Trecho de *Ouvindo Deus na tormenta*

Reação

6. Como o incidente dos discípulos de Cristo num mar turbulento (Jo 6) faz eco com as verdades apresentadas em 2Coríntios 1?

---

7. Relembre as maiores provações e os momentos mais dolorosos de sofrimento em sua vida. O que resultou disso?

____

____

8. Quais são as principais formas de que Deus traz conforto a seus filhos feridos?

____

____

9. Muitas pessoas em meio à dificuldade ficam negativas e recorrem à reclamação incessante. Não é o caso de Paulo. Em sua opinião, como ele mantinha sua perspectiva esperançosa?

____

____

10. Como alguém pode mudar sua postura em meio ao sofrimento e usar a dor para crescer na fé?

____

____

11. Quem está enfrentando um momento difícil neste instante em sua rede de relacionamentos? Como o ensino de Paulo pode beneficiá-los?

____

____

Lições de vida

Certa vez perguntaram a um renomado psiquiatra o que fazer para superar a depressão. O conselho dele: "Vista-se, tranque sua casa, encontre alguém em necessidade e sirva aquela pessoa". Em outras palavras, tire o foco de si mesmo e procure maneiras de ajudar os outros. Essa mentalidade centrada no próximo deve ser a marca fundamental da vida de cada cristão. Jesus viveu sempre para servir os outros (Mt 20.28). O apóstolo Paulo fez o mesmo. Numa situação onde homens menores optariam por chorar suas mágoas, lamber suas feridas e lamentar sua triste condição, Paulo recorreu ao conforto de Deus. Em seguida, pegou uma pena e começou a escrever uma carta que ajudaria os cristãos a pensar e viver de maneiras honrosas a Deus.

Devoção

Obrigado, Deus, por seres meu Pai misericordioso e fonte de conforto definitivo. Tu és tão fiel e bom! Ensina-me o hábito santo de buscar-te para satisfazer todas as minhas necessidades. Mostra-me diariamente como extrair de teus infinitos recursos, de modo que eu seja uma fonte de compaixão para outros que sofrem.

- Para mais passagens bíblicas sobre buscar o conforto de Deus em meio ao sofrimento, leia Salmos 23.1-4; 119.50-52; João 14.16-17; Filipenses 2.1-2; Tiago 1.3-12.
- Para completar o livro de 2Coríntios durante este estudo em doze partes, leia 2Coríntios 1.1-11.

Para pensar

Como seu modo de pensar afeta o seu humor?

Planos

Reflexão

Alguém já ouviu a seguinte frase: "Nem sempre os melhores planos trazem os melhores resultados"? As pessoas dizem isso quando as coisas dão errado, quando um projeto predeterminado fracassa. Descreva uma experiência em que seus planos (viagem, negócios, finanças etc.) não funcionaram, resultando em raiva interna ou atrito interpessoal.

Situação

Seja qual for a razão — alerta interno, interferência externa ou, talvez, um pouco de ambos —, Paulo não visitou Corinto como havia planejado. Alguns líderes influentes na igreja usaram essa situação para pôr em questão a credibilidade dele como apóstolo e minar sua autoridade e sua mensagem.

Observação

Leia 2Coríntios 1.12—2.4 na NVI ou na RA.

Nova Versão Internacional

12 Este é o nosso orgulho: A nossa consciência dá testemunho de que nos
temos conduzido no mundo, especialmente em nosso relacionamento com vo-
cês, com santidade e sinceridade provenientes de Deus, não de acordo com a
sabedoria do mundo, mas de acordo com a graça de Deus. 13 Pois nada lhes
escrevemos que vocês não sejam capazes de ler ou entender. E espero que, 14 as-
sim como vocês nos entenderam em parte, venham a entender plenamente que
podem orgulhar-se de nós, assim como nos orgulharemos de vocês no dia do
Senhor Jesus. 15 Confiando nisso, e para que vocês fossem duplamente benefi-
ciados, planejava primeiro visitá-los 16 em minha ida à Macedônia e voltar
a vocês vindo de lá, para que me ajudassem em minha viagem para a Judeia.

17 Quando planejei isso, será que o fiz levianamente? Ou será que faço meus
planos de modo mundano, dizendo ao mesmo tempo "sim" e "não"?
18 Todavia, como Deus é fiel, nossa mensagem a vocês não é "sim" e "não",
19 pois o Filho de Deus, Jesus Cristo, pregado entre vocês por mim e também
por Silvano e Timóteo, não foi "sim" e "não", mas nele sempre houve "sim";
20 pois quantas forem as promessas feitas por Deus, tantas têm em Cristo o
"sim". Por isso, por meio dele, o "Amém" é pronunciado por nós para a glória de
Deus. 21 Ora, é Deus que faz que nós e vocês permaneçamos firmes em Cristo.
Ele nos ungiu, 22 nos selou como sua propriedade e pôs o seu Espírito em nossos
corações como garantia do que está por vir. 23 Invoco a Deus como testemunha
de que foi a fim de poupá-los que não voltei a Corinto. 24 Não que tenhamos
domínio sobre a sua fé, mas cooperamos com vocês para que tenham alegria,
pois é pela fé que vocês permanecem firmes.

2.1 Por isso resolvi não lhes fazer outra visita que causasse tristeza. 2 Pois,
se os entristeço, quem me alegrará senão vocês, a quem tenho entristecido?
3 Escrevi como escrevi para que, quando eu for, não seja entristecido por aque-
les que deveriam alegrar-me. Estava confiante em que todos vocês comparti-
lhariam da minha alegria. 4 Pois eu lhes escrevi com grande aflição e angústia
de coração, e com muitas lágrimas, não para entristecê-los, mas para que sou-
bessem como é profundo o meu amor por vocês.

Almeida Revista e Atualizada

12 Porque a nossa glória é esta: o testemunho da nossa consciência, de que,
com santidade e sinceridade de Deus, não com sabedoria humana, mas, na
graça divina, temos vivido no mundo e mais especialmente para convos-
co. 13 Porque nenhuma outra coisa vos escrevemos, além das que ledes e bem
compreendeis; e espero que o compreendereis de todo, 14 como também já em
parte nos compreendestes, que somos a vossa glória, como igualmente sois a
nossa no Dia de Jesus, nosso Senhor. 15 Com esta confiança, resolvi ir, primei-
ro, encontrar-me convosco, para que tivésseis um segundo benefício; 16 e, por
vosso intermédio, passar à Macedônia, e da Macedônia voltar a encontrar-
-me convosco, e ser encaminhado por vós para a Judeia. 17 Ora, determinando
isto, terei, porventura, agido com leviandade? Ou, ao deliberar, acaso delibero
segundo a carne, de sorte que haja em mim, simultaneamente, o sim e o não?
18 Antes, como Deus é fiel, a nossa palavra para convosco não é sim e não.
19 Porque o Filho de Deus, Cristo Jesus, que foi, por nosso intermédio, anunciado
entre vós, isto é, por mim, e Silvano, e Timóteo, não foi sim e não; mas sempre nele
houve o sim. 20 Porque quantas são as promessas de Deus, tantas têm nele o sim;
porquanto também por ele é o amém para glória de Deus, por nosso intermédio.
21 Mas aquele que nos confirma convosco em Cristo e nos ungiu é Deus, 22 que

também nos selou e nos deu o penhor do Espírito em nosso coração.
[23] *Eu, porém, por minha vida, tomo a Deus por testemunha de que, para vos poupar, não tor-*
nei ainda a Corinto;
[24] *não que tenhamos domínio sobre a vossa fé, mas porque somos cooperadores de vossa alegria; porquanto, pela fé, já estais firmados.*

[2.1] *Isto deliberei por mim mesmo: não voltar a encontrar-me convosco em*
tristeza.
[2] *Porque, se eu vos entristeço, quem me alegrará, senão aquele que está*
entristecido por mim mesmo?
[3] *E isto escrevi para que, quando for, não tenha tristeza da parte daqueles que deveriam alegrar-me, confiando em todos vós*
de que a minha alegria é também a vossa.
[4] *Porque, no meio de muitos sofrimentos e angústias de coração, vos escrevi, com muitas lágrimas, não para que ficásseis entristecidos, mas para que conhecêsseis o amor que vos consagro em grande medida.*

Exploração

1. Que acontecimento fez a igreja de Corinto desconfiar de Paulo?

____

____

2. O que Paulo alega aqui acerca de suas verdadeiras motivações?

____

____

3. Como Paulo diferencia seu modo de planejar do modo de planejar do mundo?

____

____

4. Nesta seção, Paulo menciona cada pessoa da Trindade. Que aspectos reveladores ele diz sobre cada uma delas?

____

____

5. Quais são as razões declaradas nos versículos 2.23—3.4 para a mudança de planos de Paulo?

INSPIRAÇÃO

Quando Davi, que era soldado, menestrel e embaixador do Senhor, procurou uma ilustração de Deus, lembrou-se de seus dias como pastor. Lembrou-se de como dispensava atenção às ovelhas dia e noite. Como dormia com elas e delas cuidava.

E o jeito que ele zelava pelas ovelhas lembrava-lhe o jeito que Deus zela por nós. Davi se alegrava ao dizer: "O SENHOR é meu pastor" e, ao fazê-lo, com orgulho ele deixava implícito: "Eu sou sua ovelha".

Ainda se sente desconfortável por ser considerado uma ovelha? Você será gentil comigo e responderá a um simples questionário? Veja se tem sucesso na autossuficiência. Levante a mão se alguma das seguintes afirmações o descrever.

Você pode controlar seu humor. Você nunca fica irritado nem mal-humorado. Jekyll e Hyde não têm nada a lhe dizer. Você está sempre otimista e disposto. Isso descreve você? Não? Bem, vamos tentar outra.

Você está em paz com todo mundo. Cada relacionamento é doce como bolinho de chocolate. Mesmo sua antiga namorada fala bem de você. Ama a todos e é amado por todos. Esse é você? Se não, que tal a descrição seguinte?

Você não tem medo nenhum. Seu apelido é Capitão Coragem. Quedas na Bolsa — sem problema. Problema cardíaco diagnosticado — bocejo. A Terceira Guerra Mundial tem início — o que tem para o jantar? Isso descreve você?

Você não precisa de perdão nenhum. Jamais cometeu um erro. É certinho como ninguém. Limpo como a cozinha da vovó. Nunca enganou, nunca mentiu, nunca mentiu sobre nunca enganar. Esse é seu caso? Não?

Vamos encarar os fatos. Você não é capaz de controlar seu humor. Alguns de seus relacionamentos são instáveis. Você tem medos e culpas. Humm. Você realmente quer ficar de peito estufado, cheio de autossuficiência? Parece-me que você poderia procurar um pastor.

TRECHO DE *ALIVIANDO A BAGAGEM*

Reação

6. Uma ovelha deve ir aonde quer que o pastor a guie. Por que é tão difícil para nós, como cristãos, nos desprendermos de nossas vontades e seguir Cristo?

---

7. Como podemos saber que nosso coração é honesto e sincero?

---

8. Ao sentir que Deus o guia numa direção nova e diferente daquela que você havia planejado, como você costuma responder?

---

9. Como o cristão desenvolve a capacidade de seguir para onde o Pastor, o Espírito Santo, está levando (cf. Gl 5.18,25 para saber mais sobre ser guiado pelo Espírito)?

---

10. Como você reage quando suas ações são mal interpretadas e você é acusado injustamente ou seu caráter é questionado?

---

11. Em sua opinião, por que Paulo tinha um amor tão profundo, quase "teimoso", e incessante preocupação por uma igreja que lhe causava tanta tristeza?

Lições de vida

Algo com que certamente podemos contar é a imprevisibilidade da vida. Se nos comprometemos a seguir Cristo, o Bom Pastor, devemos esperar o inesperado. Acontecimentos divinamente permitidos ou orquestrados vão bloquear nosso caminho. O Espírito de Deus vai de súbito nos induzir a seguir um trajeto diferente. Em algumas situações, pode acontecer de nossos "novos" planos ou nossa direção serem vistos como tolice pelos outros. Nossa sabedoria e nosso caráter, talvez até nossa sanidade, serão postos em questão. Nosso chamado não é fazer o que é sábio aos olhos do mundo, tampouco seguir pelo caminho popular. Em vez de discutir com Deus, devemos nos submeter a sua direção, por mais "estranho" que possa parecer.

Devoção

Senhor, quero me tornar mais sensível a tua direção, mais apto a discernir tua voz. Quero dedicar meus dias a fazer tua vontade, e não a buscar minhas próprias metas. Independentemente do que isso signifique, dá-me a coragem de ir aonde quer que tu direciones e a fazer tudo o que tu instruis.

- Para mais passagens bíblicas sobre planejamento, leia Salmos 33.10-11; Provérbios 15.22; 16.3,9; 19.21; Isaías 29.15; Tiago 4.13-14.
- Para completar o livro de 2Coríntios durante este estudo em doze partes, leia 2Coríntios 1.12—2.13.

Para pensar

Quais são seus medos específicos quanto a entregar seus planos a Deus e dizer: "Não seja feita a minha vontade, mas a tua"?

LIÇÃO 3

O novo acordo de Deus

Reflexão

Normas familiares. Ordenanças cívicas. Constituição federal. A vida é cheia de regras e regulamentos. Quais são algumas das regras rigorosas que você foi forçado a obedecer em casa durante a infância ou quando estava na escola? Quais eram as consequências caso as violasse?

Situação

Depois de Paulo sair de Corinto (At 18.18) para levar o evangelho a outras cidades, a jovem congregação começou a ouvir os ensinamentos de gente que questionava a mensagem de Cristo. Esses falsos mestres incitavam a um regresso à ideia judaica de tentar obter a aprovação de Deus por meio do cumprimento da lei de Moisés.

Observação

Leia 2Coríntios 3.4-18 na NVI ou na RA.

Nova Versão Internacional

4 Tal é a confiança que temos diante de Deus, por meio de Cristo. 5 Não que
possamos reivindicar qualquer coisa com base em nossos próprios méritos, mas
a nossa capacidade vem de Deus. 6 Ele nos capacitou para sermos ministros
de uma nova aliança, não da letra, mas do Espírito; pois a letra mata, mas o
Espírito vivifica.

7 O ministério que trouxe a morte foi gravado com letras em pedras; mas
esse ministério veio com tal glória que os israelitas não podiam fixar os olhos
na face de Moisés, por causa do resplendor do seu rosto, ainda que desvane-
cente. 8 Não será o ministério do Espírito ainda muito mais glorioso? 9 Se
era glorioso o ministério que trouxe condenação, quanto mais glorioso será

o ministério que produz justificação! 10 Pois o que outrora foi glorioso, agora
não tem glória, em comparação com a glória insuperável. 11 E se o que estava
se desvanecendo se manifestou com glória, quanto maior será a glória do que
permanece!

12 Portanto, visto que temos tal esperança, mostramos muita confiança.
13 Não somos como Moisés, que colocava um véu sobre a face para que os israe-
litas não contemplassem o resplendor que se desvanecia. 14 Na verdade a mente
deles se fechou, pois até hoje o mesmo véu permanece quando é lida a antiga
aliança. Não foi retirado, porque é somente em Cristo que ele é removido. 15 De
fato, até o dia de hoje, quando Moisés é lido, um véu cobre os seus corações.
16 Mas quando alguém se converte ao Senhor, o véu é retirado. 17 Ora, o Senhor
é o Espírito e, onde está o Espírito do Senhor, ali há liberdade. 18 E todos nós,
que com a face descoberta contemplamos a glória do Senhor, segundo a sua
imagem estamos sendo transformados com glória cada vez maior, a qual vem
do Senhor, que é o Espírito.

Almeida Revista e Atualizada

4 E é por intermédio de Cristo que temos tal confiança em Deus; 5 não
que, por nós mesmos, sejamos capazes de pensar alguma coisa, como se partisse
de nós; pelo contrário, a nossa suficiência vem de Deus, 6 o qual nos habilitou
para sermos ministros de uma nova aliança, não da letra, mas do espírito;
porque a letra mata, mas o espírito vivifica.

7 E, se o ministério da morte, gravado com letras em pedras, se revestiu
de glória, a ponto de os filhos de Israel não poderem fitar a face de Moisés,
por causa da glória do seu rosto, ainda que desvanecente, 8 como não será de
maior glória o ministério do Espírito! 9 Porque, se o ministério da condenação
foi glória, em muito maior proporção será glorioso o ministério da justiça.
10 Porquanto, na verdade, o que, outrora, foi glorificado, neste respeito, já não
resplandece, diante da atual sobre-excelente glória. 11 Porque, se o que se des-
vanecia teve sua glória, muito mais glória tem o que é permanente.

12 Tendo, pois, tal esperança, servimo-nos de muita ousadia no falar.
13 E não somos como Moisés, que punha véu sobre a face, para que os filhos de
Israel não atentassem na terminação do que se desvanecia. 14 Mas os sentidos
deles se embotaram. Pois até ao dia de hoje, quando fazem a leitura da antiga
aliança, o mesmo véu permanece, não lhes sendo revelado que, em Cristo,
é removido. 15 Mas até hoje, quando é lido Moisés, o véu está posto sobre o
coração deles. 16 Quando, porém, algum deles se converte ao Senhor, o véu lhe
é retirado. 17 Ora, o Senhor é o Espírito; e, onde está o Espírito do Senhor, aí
há liberdade. 18 E todos nós, com o rosto desvendado, contemplando, como por

espelho, a glória do Senhor, somos transformados, de glória em glória, na sua própria imagem, como pelo Senhor, o Espírito.

Exploração

1. Como você explicaria a diferença entre a antiga aliança (regras divinas escritas em tábuas de pedra) e a nova aliança?

____

____

2. Onde Paulo diz que podemos encontrar o poder para viver como Deus espera?

____

____

3. Que revelações Paulo faz acerca do efeito da lei de Deus?

____

____

4. Paulo compara a glória inferior da antiga aliança com a glória insuperável do novo acordo de Deus. O que exatamente é glória?

____

____

5. Descreva a diferença entre a pressão externa para fazer algo e o desejo interno de realizá-lo.

____

____

Inspiração

Onde o homem falha, Deus excede. A salvação vem do céu para baixo, não da terra para cima. "Pois o nosso Deus é misericordioso e bondoso. Ele fará brilhar sobre nós a sua luz" (Lc 1.78, Nova Tradução na Linguagem de Hoje). "Toda boa dádiva e todo dom perfeito vêm do alto, descendo do Pai das luzes" (Tg 1.17).

Por favor, preste atenção: A salvação é dada por Deus, impulsionada por Deus, habilitada por Deus e originada de Deus. Não é um presente do homem para Deus, mas de Deus para o homem. "Nisto consiste o amor: não em que nós tenhamos amado a Deus, mas em que ele nos amou e enviou seu Filho como propiciação pelos nossos pecados" (1Jo 4.10).

A graça é criada por Deus e dada ao homem. "Vocês, céus elevados, façam chover justiça; derramem-na as nuvens. Abra-se a terra, brote a salvação, cresça a retidão com ela; eu, o SENHOR, a criei" (Is 45.8).

Com base neste único ponto, o cristianismo está à parte de qualquer religião no mundo. Como escreveu John Stott: "Nenhum outro sistema, ideologia ou religião proclama um perdão gratuito e uma nova vida àqueles que nada fizeram para merecê-la; antes, merecem o juízo" (*Romans: God's Good News for the World*, Downers Grove: IVP Academic, 2001, p. 118).

Citando John MacArthur: "No que diz respeito ao caminho da salvação, há somente duas religiões que o mundo já conheceu ou conhecerá — a religião da realização divina, que é o cristianismo bíblico, e a religião da realização humana, que inclui todos os outros tipos de religião, seja quais nomes tiverem" (*The New Testament Commentary of Romans*, Chicago: Moody, 1991, p. 199).

Qualquer outra forma de abordar Deus é um sistema de troca; se eu fizer isto, Deus fará aquilo. Sou salvo por obras (o que eu faço), emoções (o que eu sinto) ou conhecimento (o que eu sei).

Em contraste, o cristianismo não tem vestígio algum de negociação. O homem não é o negociador; na verdade, o homem não tem com que negociar.

TRECHO DE *NAS GARRAS DA GRAÇA*

REAÇÃO

6. Em que sentido a explicação cristã da salvação é insultante ou ofensiva para o orgulho humano?

____

____

7. Alguém sugeriu que a nova aliança de Deus transforma o "dever" religioso no "querer" espiritual. Como você interpreta esse comentário?

8. Que papel o Espírito Santo desempenha na nova aliança de Deus?

9. De que maneiras específicas você viu o Espírito glorioso de Deus agir em sua vida desde que depositou sua fé em Cristo?

10. Paulo menciona um tipo de ousadia que devemos ter ao brilhar diante dos outros. O que isso significa?

11. Das várias bênçãos da nova aliança que Paulo lista aqui — confiança, competência, justiça, coragem, brilho, liberdade — qual você sente ser a maior necessidade em sua vida neste momento?

Lições de vida

Alguém disse que a vida cristã não é somente difícil — é *impossível*! Impossível, isto é, sem ajuda sobrenatural. Imagine que lhe peçam para escrever uma peça shakespeariana, um drama em três atos tão genial quanto qualquer outra coisa que o escritor tenha criado. Uma tarefa ridícula e inatingível, certo? A menos que... a menos que, de algum modo, o próprio espírito de Shakespeare pudesse habitar em você e escrever usando a sua mão. Então a tarefa *seria* possível. É precisamente isso que a nova aliança promete: o Espírito de Deus vindo para viver em nós. Ele nos vivifica espiritualmente, nos dá uma nova natureza e novos desejos (2Co 5.17). E com tudo isso, ele concede novo poder para viver como Deus ordena.

Devoção

Deus, eu te louvo pela maravilhosa promessa da nova aliança! Tu fizeste o que éramos incapazes de fazer. Mostra-me mais e mais o que a graça realmente significa. Concede-me percepção e humildade para que eu de fato reluza para ti, refletindo tua glória para os outros e dando a ti mais glória no processo.

- Para mais passagens bíblicas sobre a nova aliança, leia Êxodo 34.28-35; Jeremias 31.33; Ezequiel 36.26; Hebreus 8.
- Para completar o livro de 2Coríntios durante este estudo em doze partes, leia 2Coríntios 2.14—3.18.

Para pensar

Como é a liberdade real e honrosa a Deus na vida do crente em Jesus Cristo?

Soli Deo Gloria!

Reflexão

Motivações. Todos nós as temos. Todos temos razões (conscientes e subconscientes) que explicam por que fazemos o que fazemos. A seu ver, quais são as motivações dominantes da vida, aqueles apelos irresistíveis que o incitam durante os dias comuns?

Situação

Um grupo não identificado de encrenqueiros sedutores e espertos havia se infiltrado na igreja de Corinto, criticando Paulo e incentivando o abandono de seu evangelho da nova aliança da graça. Para prevenir essa terrível possibilidade, Paulo contrastou seu ministério e suas motivações com os deles.

Observação

Leia 2Coríntios 4.1-18 na NVI ou na RA.

Nova Versão Internacional

1 Portanto, visto que temos este ministério pela misericórdia que nos foi
dada, não desanimamos. 2 Antes, renunciamos aos procedimentos secretos e
vergonhosos; não usamos de engano, nem torcemos a palavra de Deus. Ao
contrário, mediante a clara exposição da verdade, recomendamo-nos à cons-
ciência de todos, diante de Deus. 3 Mas se o nosso evangelho está encoberto,
para os que estão perecendo é que está encoberto. 4 O deus desta era cegou o
entendimento dos descrentes, para que não vejam a luz do evangelho da glória
de Cristo, que é a imagem de Deus. 5 Mas não pregamos a nós mesmos, mas
a Jesus Cristo, o Senhor, e a nós como escravos de vocês, por causa de Jesus.
6 Pois Deus, que disse: "Das trevas resplandeça a luz", ele mesmo brilhou em
nossos corações, para iluminação do conhecimento da glória de Deus na face
de Cristo.

7 Mas temos esse tesouro em vasos de barro, para mostrar que este poder
que a tudo excede provém de Deus, e não de nós. 8 De todos os lados somos
pressionados, mas não desanimados; ficamos perplexos, mas não desespera-
dos; 9 somos perseguidos, mas não abandonados; abatidos, mas não destruídos.
10 Trazemos sempre em nosso corpo o morrer de Jesus, para que a vida de Jesus
também seja revelada em nosso corpo. 11 Pois nós, que estamos vivos, somos
sempre entregues à morte por amor a Jesus, para que a sua vida também se
manifeste em nosso corpo mortal. 12 De modo que em nós atua a morte; mas
em vocês, a vida.

13 Está escrito: "Cri, por isso falei". Com esse mesmo espírito de fé nós tam-
bém cremos e, por isso, falamos, 14 porque sabemos que aquele que ressuscitou o
Senhor Jesus dentre os mortos, também nos ressuscitará com Jesus e nos apre-
sentará com vocês. 15 Tudo isso é para o bem de vocês, para que a graça, que
está alcançando um número cada vez maior de pessoas, faça que transbordem
as ações de graças para a glória de Deus. 16 Por isso não desanimamos. Em-
bora exteriormente estejamos a desgastar-nos, interiormente estamos sendo
renovados dia após dia, 17 pois os nossos sofrimentos leves e momentâneos estão
produzindo para nós uma glória eterna que pesa mais do que todos eles. 18 As-
sim, fixamos os olhos, não naquilo que se vê, mas no que não se vê, pois o que
se vê é transitório, mas o que não se vê é eterno.

Almeida Revista e Atualizada

1 Pelo que, tendo este ministério, segundo a misericórdia que nos foi feita,
não desfalecemos; 2 pelo contrário, rejeitamos as coisas que, por vergonhosas, se
ocultam, não andando com astúcia, nem adulterando a palavra de Deus; an-
tes, nos recomendamos à consciência de todo homem, na presença de Deus,
pela manifestação da verdade. 3 Mas, se o nosso evangelho ainda está enco-
berto, é para os que se perdem que está encoberto, 4 nos quais o deus deste século
cegou o entendimento dos incrédulos, para que lhes não resplandeça a luz do
evangelho da glória de Cristo, o qual é a imagem de Deus. 5 Porque não nos
pregamos a nós mesmos, mas a Cristo Jesus como Senhor e a nós mesmos como
vossos servos, por amor de Jesus. 6 Porque Deus, que disse: Das trevas resplan-
decerá a luz, ele mesmo resplandeceu em nosso coração, para iluminação do
conhecimento da glória de Deus, na face de Cristo.

7 Temos, porém, este tesouro em vasos de barro, para que a excelência do
poder seja de Deus e não de nós. 8 Em tudo somos atribulados, porém não
angustiados; perplexos, porém não desanimados; 9 perseguidos, porém não de-
samparados; abatidos, porém não destruídos; 10 levando sempre no corpo o
morrer de Jesus, para que também a sua vida se manifeste em nosso corpo.
11 Porque nós, que vivemos, somos sempre entregues à morte por causa de

Jesus, para que também a vida de Jesus se manifeste em nossa carne mortal.
[12] *De modo que, em nós, opera a morte, mas, em vós, a vida.* [13] *Tendo, porém,*
o mesmo espírito da fé, como está escrito:

Eu cri; por isso, é que falei.

Também nós cremos; por isso, também falamos, [14] *sabendo que aquele que*
ressuscitou o Senhor Jesus também nos ressuscitará com Jesus e nos apresentará
convosco. [15] *Porque todas as coisas existem por amor de vós, para que a graça,*
multiplicando-se, torne abundantes as ações de graças por meio de muitos,
para glória de Deus. [16] *Por isso, não desanimamos; pelo contrário, mesmo que o*
nosso homem exterior se corrompa, contudo, o nosso homem interior se renova
de dia em dia. [17] *Porque a nossa leve e momentânea tribulação produz para*
nós eterno peso de glória, acima de toda comparação, [18] *não atentando nós*
nas coisas que se veem, mas nas que se não veem; porque as que se veem são
temporais, e as que se não veem são eternas.

Exploração

1. Num mundo obcecado com a "imagem", é sempre tentador fingir, e sempre difícil ser autêntico. Por que a honestidade absoluta é essencial para aqueles que servem a Deus?

____

____

2. Quais são algumas das maneiras de que o diabo cega as pessoas para a verdade de Deus?

____

____

3. Por que Paulo compara a si mesmo (e todos os cristãos, na verdade) a "vasos de barro" (cf. 2Co 4.7)?

____

____

4. Paulo evidentemente viveu uma vida cheia de problemas e provações (cf. 1Co 4.9-13; 2Co 6.4-10; 11.23-29). Por que Deus

permitiria tamanha dificuldade para um de seus servos mais fiéis?

____

____

5. Que fio de esperança Paulo enxerga em seus problemas?

____

____

Inspiração

Moisés pediu para vê-la no Sinai.

Ela se manifestava no templo, deixando os sacerdotes atordoados demais para ministrar.

Quando Ezequiel a viu, teve de se prostrar.

Ela envolveu os anjos e fascinou os pastores nos campos de Belém.

Jesus a irradia.

João a contemplou.

Pedro a testemunhou no monte da transfiguração.

Cristo voltará entronizado nela.

O céu será iluminado por ela.

Ela é como a corrente do Golfo, que atravessa o Atlântico das Escrituras tocando cada pessoa com o potencial de mudar toda vida. Incluindo a sua. Um vislumbre, uma prova, uma amostra e sua fé nunca mais será a mesma.

A glória.

A glória de Deus.

Buscar a glória de Deus é orar: "Torna o ar denso com tua presença; faze-o nebuloso com tua majestade. Abre as cortinas do céu e entorna tua natureza. Deus, mostra-nos Deus".

O termo hebraico para *glória* deriva da raiz que significa *peso*, ou *importante*. A glória de Deus, portanto, celebra sua importância, sua singularidade, sua bondade única. "Quem entre os deuses é semelhante a ti, SENHOR? Quem é semelhante a ti? Majestoso em santidade, terrível em feitos gloriosos, autor de maravilhas?" (Êx 15.11).

Ao pensar em *glória de Deus*, pensamos em *preeminência*. E, ao pensar em *preeminência*, pensamos em *prioridade*. Pois a glória de Deus é a prioridade de Deus.

As reuniões da equipe de Deus, se elas existem, giram em torno de uma pergunta: "Como podemos revelar minha glória hoje?". A lista de afazeres de Deus consiste em um item: "Revelar minha glória". A declaração de missão dos céus está emoldurada e pendurada no refeitório dos anjos, logo acima do manjar angelical. Está escrito: "Declare a glória de Deus".

Deus existe para exibir Deus.

TRECHO DE *ISTO NÃO É PARA MIM*

REAÇÃO

6. O ser humano foi criado para viver para a glória de Deus (Is 43.7), mas na verdade essa não é a principal preocupação das pessoas. Para que, então, elas estão vivendo?

____

____

7. Qual é o tesouro que temos de Deus (cf. 2Co 4.7) e o que devemos fazer com ele?

____

____

8. Neste capítulo Paulo dá bastante ênfase sobre falar para Deus e acerca dele. Com que frequência você faz isso em sua vida?

____

____

9. Outras passagens também falam de cristãos "brilhando" para Deus (p. ex., Mt 5.14-16; Fp 2.15). Como funciona isso em termos práticos, no dia a dia?

____

____

10. *Soli Deo Gloria* significa "glória somente a Deus". Quais são algumas indicações de que um cristão adotou esse tipo de mentalidade e estilo de vida?

____

____

11. Cite três atos específicos com que você pode se comprometer e que farão a glória de Deus brilhar em seu mundo?

____

____

Lições de vida

Você pode chamar atenção por ser atraente e vistoso e por cultivar certa "imagem", mas nunca terá impacto profundo nas pessoas desse modo. As vidas mais poderosas e eternamente significativas são aquelas que, como Paulo, se dão conta de ser meros vasos que foram cheios de um tesouro enviado do céu. Percebem que Deus é o centro, não elas. De acordo com a Bíblia, nós existimos para glorificar a Deus, para brilhar por ele, para apontá-lo para outros. Como João Batista, precisamos dizer: "É necessário que ele cresça e que eu diminua" (Jo 3.30). Concentre-se hoje no conteúdo de sua vida mais do que no simples estilo. Profundidade, autenticidade e fidelidade espiritual — essas são as qualidades que honram Deus e fazem os outros parar e olhar.

Devoção

Pai, perdoa-me por minha tendência a dar a mim maior valor do que deveria. Perdoa-me pelas vezes em que busquei meus compromissos e deixei de colocar a ti em primeiro lugar. Faz-me lembrar de que sou um vaso de barro contendo o tesouro do evangelho. Dá-me uma perspectiva eterna, para que eu seja mais motivado a viver para tua glória.

- Para mais passagens bíblicas sobre viver para a glória de Deus, leia Êxodo 33.12-23; 1Crônicas 16.24; 2Crônicas 7.1-3; Salmos 57; Salmos 115.1; 1Coríntios 10.31.
- Para completar o livro de 2Coríntios durante este estudo em doze partes, leia 2Coríntios 4.1-15.

Para pensar

Como você pode adotar motivações que honrem mais a Deus e abandonar as menos dignas?

LIÇÃO 5

Perspectiva eterna

Reflexão

Mais pessoas do que nunca estão vivendo tempo suficiente para celebrar seu centésimo aniversário. Mesmo um século inteiro neste mundo, porém, ainda é apenas um pontinho quando comparado à eternidade no mundo vindouro. Em que momento em sua vida você teve a sensação mais aguda de que existe vida além desta?

Situação

Para contra-atacar as acusações de certos falsos mestres em Corinto, Paulo partilha abertamente suas mais profundas crenças e suas verdadeiras motivações para servir Cristo. À medida que ele defende seu ministério e sua mensagem, obtemos uma visão do coração e da mente desse grande apóstolo, que vivia cada dia com a eternidade em vista.

Observação

Leia 2Coríntios 4.16—5.10 na NVI ou na RA.

Nova Versão Internacional

16 Por isso não desanimamos. Embora exteriormente estejamos a desgastar-
-nos, interiormente estamos sendo renovados dia após dia, 17 pois os nossos so-
frimentos leves e momentâneos estão produzindo para nós uma glória eterna
que pesa mais do que todos eles. 18 Assim, fixamos os olhos, não naquilo que se vê,
mas no que não se vê, pois o que se vê é transitório, mas o que não se vê é eterno.
5.1 Sabemos que, se for destruída a temporária habitação terrena em que vi-
vemos, temos da parte de Deus um edifício, uma casa eterna nos céus, não cons-
truída por mãos humanas. 2 Enquanto isso, gememos, desejando ser revestidos
da nossa habitação celestial, 3 porque, estando vestidos, não seremos encontrados
nus. 4 Pois, enquanto estamos nesta casa, gememos e nos angustiamos, porque

não queremos ser despidos, mas revestidos da nossa habitação celestial, para que
aquilo que é mortal seja absorvido pela vida. [5] Foi Deus que nos preparou para
esse propósito, dando-nos o Espírito como garantia do que está por vir.
[6] Portanto, temos sempre confiança e sabemos que, enquanto estamos no
corpo, estamos longe do Senhor. [7] Porque vivemos por fé, e não pelo que vemos.
[8] Temos, pois, confiança e preferimos estar ausentes do corpo e habitar com
o Senhor. [9] Por isso, temos o propósito de lhe agradar, quer estejamos no corpo,
quer o deixemos. [10] Pois todos nós devemos comparecer perante o tribunal de
Cristo, para que cada um receba de acordo com as obras praticadas por meio
do corpo, quer sejam boas quer sejam más.

Almeida Revista e Atualizada

[16] Por isso, não desanimamos; pelo contrário, mesmo que o nosso homem
exterior se corrompa, contudo, o nosso homem interior se renova de dia em
dia. [17] Porque a nossa leve e momentânea tribulação produz para nós eterno
peso de glória, acima de toda comparação, [18] não atentando nós nas coisas que
se veem, mas nas que se não veem; porque as que se veem são temporais, e as
que se não veem são eternas.

[5.1] Sabemos que, se a nossa casa terrestre deste tabernáculo se desfizer, temos
da parte de Deus um edifício, casa não feita por mãos, eterna, nos céus. [2] E,
por isso, neste tabernáculo, gememos, aspirando por sermos revestidos da nossa
habitação celestial; [3] se, todavia, formos encontrados vestidos e não nus. [4] Pois,
na verdade, os que estamos neste tabernáculo gememos angustiados, não por
querermos ser despidos, mas revestidos, para que o mortal seja absorvido pela
vida. [5] Ora, foi o próprio Deus quem nos preparou para isto, outorgando-nos
o penhor do Espírito.
[6] Temos, portanto, sempre bom ânimo, sabendo que, enquanto no corpo,
estamos ausentes do Senhor; [7] visto que andamos por fé e não pelo que vemos.
[8] Entretanto, estamos em plena confiança, preferindo deixar o corpo e habitar
com o Senhor. [9] É por isso que também nos esforçamos, quer presentes, quer
ausentes, para lhe sermos agradáveis. [10] Porque importa que todos nós compa-
reçamos perante o tribunal de Cristo, para que cada um receba segundo o bem
ou o mal que tiver feito por meio do corpo.

Exploração

1. O que mantinha Paulo firme em meio aos tempos difíceis da vida e do ministério?

____

____

2. O que significa "fixar os olhos" ou "atentar [...] para o que não se vê"? Como você pode aplicar isso pessoalmente a sua vida?

____

____

3. O que Paulo quer dizer ao comparar nosso corpo terreno a uma habitação?

____

____

4. Como podemos equilibrar o desejo pelo céu enquanto ainda realizamos os propósitos de Deus para nós aqui na terra?

____

____

5. Se Deus esquece nossos pecados assim que somos perdoados sob os termos da nova aliança (Jr 31.34), por que Paulo menciona o tribunal de Cristo?

____

____

Inspiração

Você provavelmente já ouviu a história do casal que recorreu ao aconselhamento matrimonial "autônomo". Eles resolveram fazer uma lista dos defeitos de cada um e depois leram em voz alta. Parece ser uma noite construtiva, não acha? Então ela fez a dele e ele fez a dela. A esposa deu sua lista de queixas para o marido, que leu em voz alta. "Você ronca, come na cama, chega tarde demais a casa e sai muito cedo..." Depois de terminar, o marido fez o mesmo. Deu sua lista para ela. Mas, quando olhou para o papel, a esposa começou a sorrir. Seu marido também havia alistado suas queixas, mas do lado de cada item escreveu: "Eu perdoo isto".

O resultado foi uma lista tabulada de graça.

Você receberá uma lista assim no dia do juízo. Lembre-se do propósito principal do juízo: revelar a graça do Pai. Quando seus pecados forem anunciados, a graça de Deus será magnificada.

Imagine o evento. Você está diante do tribunal de Cristo. O livro está aberto e a leitura começa — cada pecado, cada engano, cada ocasião de destruição e ganância. Mas tão logo a infração é lida, a graça é proclamada.

Desrespeitou os pais aos 13.

Escondeu a verdade aos 15.

Fez fofocas aos 26.

Cobiçou aos 30.

Ignorou a direção do Espírito aos 40.

Desobedeceu à palavra de Deus aos 52.

O resultado? O veredicto da misericórdia de Deus ecoará por todo o universo. Pela primeira vez na história, nós entenderemos a profundidade de sua bondade. Graça anotada. Bondade catalogada. Perdão registrado. Ficaremos admirados conforme um pecado após o outro for proclamado e depois perdoado. Ciúmes revelados, depois removidos. Infidelidades anunciadas, depois limpas. Mentiras expostas, depois apagadas.

Que triunfo será isto para nosso Mestre!

Talvez você esteja pensando: "Será triunfo para ele, mas humilhante para mim". Não, não será. As Escrituras prometem: "Aquele que nela [a pedra angular, Jesus] confia jamais será envergonhado" (1Pe 2.6).

A culpa é filha do egocentrismo. Os moradores do céu não são centrados em si mesmos; são centrados em Cristo. Você estará em seu estado impecável. O impecável não protege uma reputação nem projeta uma imagem. Você não vai se envergonhar. Você ficará feliz de deixar Deus fazer no céu o que ele fez na terra — ser honrado em suas fraquezas.

Cabeça curvada de vergonha? Não. Cabeça curvada em adoração? Sem dúvida.

TRECHO DE *QUANDO CRISTO VOLTAR*

Reação

6. O tribunal de Cristo será também um lugar de recompensa eterna para os cristãos fiéis. Que tipo de recompensas devemos esperar (uma dica: veja Mt 25.21-23; 1Co 4.5; 1Pe 1.4; 1Co 9.25-27; Tg 1.12; 2Tm 4.8)?

____

____

7. Como você age sabendo que um dia estará diante de Cristo e será responsabilizado por seus atos?

____

____

8. Como é possível que as dificuldades de hoje produzam glória eterna?

____

____

9. De que modo nosso corpo eterno ressuscitado será diferente de nosso corpo atual?

____

____

10. Além de nos conceder poder, o que a presença do Espírito em nossa vida promete?

____

____

11. Cite três mudanças específicas que você precisa fazer para que possa dizer honestamente: "Meu único propósito é agradar a Deus"?

____

____

Lições de vida

Uma visão clara e convincente do futuro tem poder real de afetar nossas ações no presente. Pense no aluno que passa o ano todo estudando para o vestibular de uma universidade concorrida, na noiva que quer caber em seu vestido de casamento em seis semanas, no casal trabalhador que está totalmente comprometido com a meta de se aposentar pela idade mínima. O apóstolo Paulo estava firmado na realidade da eternidade — o tribunal de Cristo o ajudava a moldar seu comportamento; a promessa do céu lhe dava esperança real quando as circunstâncias da vida se mostravam desagradáveis. Cultivando uma mentalidade que nos lembra regularmente dessas realidades fáceis de esquecer (Cl 3.2), nos tornamos as pessoas para as quais Deus nos criou e nossa vida ganha novos poder e propósito.

Devoção

Senhor, confesso quão depressa perco de vista as realidades últimas e quão fácil fico imerso em acontecimentos temporais. Obrigado pelo lembrete valioso de Paulo de que há vida além desta. Obrigado pela promessa do céu. Mostra-me como firmar minha mente nas coisas de cima, e não nas que estão na terra.

- Para mais passagens bíblicas sobre perspectiva eterna, leia Jó 19.25-27; Salmos 73.24-26; João 15.1-4; 1Tessalonicenses 4.13-18; Apocalipse 21—22.
- Para completar o livro de 2Coríntios durante este estudo em doze partes, leia 2Coríntios 4.16—5.21.

Para pensar

C. S. Lewis sugeriu que as pessoas que mais têm realizações neste mundo são aquelas que mais pensam no outro mundo. Quando foi que você esteve mais motivado e energizado por uma perspectiva eterna?

VIDA DE SERVO

REFLEXÃO

Talvez você já tenha ouvido a seguinte frase: "Se você fosse preso e levado a julgamento por ser um seguidor devoto de Cristo, haveria provas suficientes para incriminá-lo?". Quais são as maiores mudanças que você viu Deus promover em sua vida desde que depositou sua fé em Jesus?

SITUAÇÃO

Para proteger o evangelho, Paulo defende a si mesmo (um mensageiro do evangelho) dos ataques caluniosos de falsos mestres que se infiltraram em Corinto. À medida que o apóstolo lembra seus leitores de sua vida e conduta no meio deles (incluindo muitas dificuldades), obtemos um vislumbre da servidão definitiva.

OBSERVAÇÃO

Leia 2Coríntios 6.1-10 na NVI ou na RA.

Nova Versão Internacional

1 Como cooperadores de Deus, insistimos com vocês para não receberem em vão a graça de Deus. 2 Pois ele diz:

> *"Eu o ouvi no tempo favorável*
> *e o socorri no dia da salvação".*

Digo-lhes que agora é o tempo favorável, agora é o dia da salvação! 3 Não damos motivo de escândalo a ninguém, em circunstância alguma, para que o nosso ministério não caia em descrédito. 4 Ao contrário, como servos de Deus, recomendamo-nos de todas as formas: em muita perseverança; em sofrimentos, privações e tristezas; 5 em açoites, prisões e tumultos; em trabalhos árduos, noites sem dormir e jejuns; [6] em pureza, conhecimento, paciência e bondade; no Espírito Santo e no amor sincero; [7] na palavra da verdade e no poder de Deus; com as armas da justiça, quer de ataque, quer de defesa; [8] por honra e por desonra; por difamação e por boa fama; tidos por enganadores, sendo verdadeiros; [9] como desconhecidos, apesar de bem conhecidos; como morrendo, mas eis que vivemos; espancados, mas não mortos; [10] entristecidos, mas sempre alegres; pobres, mas enriquecendo muitos outros; nada tendo, mas possuindo tudo.

Almeida Revista e Atualizada

[1] E nós, na qualidade de cooperadores com ele, também vos exortamos a que não recebais em vão a graça de Deus [2] (porque ele diz: Eu te ouvi no tempo da oportunidade e te socorri no dia da salvação; eis, agora, o tempo sobremodo oportuno, eis, agora, o dia da salvação); [3] não dando nós nenhum motivo de escândalo em coisa alguma, para que o ministério não seja censurado.

[4] Pelo contrário, em tudo recomendando-nos a nós mesmos como ministros de Deus: na muita paciência, nas aflições, nas privações, nas angústias,
[5] nos açoites, nas prisões, nos tumultos, nos trabalhos, nas vigílias, nos jejuns,
[6] na pureza, no saber, na longanimidade, na bondade, no Espírito Santo, no amor não fingido, [7] na palavra da verdade, no poder de Deus, pelas armas da justiça, quer ofensivas, quer defensivas; [8] por honra e por desonra, por infâmia e por boa fama, como enganadores e sendo verdadeiros; [9] como desconhecidos e, entretanto, bem conhecidos; como se estivéssemos morrendo e, contudo, eis que vivemos; como castigados, porém não mortos; [10] entristecidos, mas sempre alegres; pobres, mas enriquecendo a muitos; nada tendo, mas possuindo tudo.

Exploração

1. Paulo descreve a si mesmo (e a seus colegas) como "cooperadores de Deus" (cf. 2Co 6.1) e "servos de Deus" (cf. 2 Co 6.4). Qual é a diferença?

____

____

2. O que significa receber a graça de Deus em vão?

____

____

3. Não faltaram problemas e sofrimento no serviço de Paulo para o evangelho. Que conclusão Paulo tirou de suas provações?

---

4. Como o cristão pode suportar tamanha aflição e oposição constantes sem desistir?

---

5. De que modo viver uma vida sem culpa nos concede liberdade?

Inspiração

Todos os dias faça algo que você não quer fazer. Pegue o lixo de outra pessoa. Abra mão de seu lugar no estacionamento. Ligue para aquele parente que fala sem parar. Carregue as malas. Não precisa ser algo grande. A escritora Helen Keller certa vez disse ao legislador do Tennessee que, quando era jovem, havia desejado fazer grandes coisas e não podia, então decidiu fazer coisas pequenas de um jeito grande. Não seja grande demais para fazer algo pequeno. "Dediquem-se inteiramente ao trabalho do Senhor, pois nada do que fazem para ele jamais será perda de tempo" (1Co 15.58, A Mensagem).

Certa feita o barão de Rothschild pediu que o artista Ary Scheffer pintasse seu retrato. Embora fosse um rico investidor, Rothschild posou como mendigo, vestindo trapos e segurando uma caneca de lata. Durante um dia da pintura, um amigo do artista entrou na sala. Pensando que Rothschild fosse de fato um mendigo, colocou uma moeda na caneca.

Dez anos depois, aquele homem recebeu uma carta do barão de Rothschild e um cheque de dez mil francos. A mensagem dizia: "O senhor certo dia deu uma moeda ao barão de Rothschild no estúdio de Ary Scheffer. Ele investiu aquela moeda e hoje lhe envia o capital que o senhor lhe confiou, juntamente com os juros compostos. Uma boa ação sempre traz boa sorte".

Poderíamos fazer um acréscimo a essa frase. Uma boa ação não só traz boa sorte, mas chama a atenção de Deus. Ele repara nas ações dos servos. Ele enviou seu Filho para ser um.

TRECHO DE *CURE FOR THE COMMON LIFE* [CURA PARA A VIDA COMUM]

REAÇÃO

6. Por que tantos cristãos são tão relutantes em arregaçar as mangas e ministrar para outros?

____

____

7. Ao descrever sua vida complicada e cheia de altos e baixos como servo comprometido de Cristo, que ironias ou paradoxos Paulo cita?

____

____

8. Alguns leitores protestam: "As palavras de Paulo só se aplicam de fato aos ministros de tempo integral. Não se pode esperar que os cristãos normais vivam assim". Como você responderia a essa afirmação?

____

____

9. Paulo se dedicava a viver de tal modo que sua vida não contradissesse o evangelho. Que atitudes, valores, ações ou hábitos em sua vida podem manchar a reputação de Cristo ou de sua Igreja?

____

____

10. Por que Deus permite que seus servos escolhidos sofram tanta aflição?

____

____

11. Por que, em última análise, ser um servo é tão importante?

____

____

Lições de vida

Quanto mais Adão e Eva ponderavam nas mentiras do maligno, mais eles duvidavam da bondade de Deus. Por fim, declarando sua independência, passaram a tentar por conta própria encontrar "vida" — fazê-la funcionar sem Deus. Fariam isso tentando controlar situações e pessoas. E não é verdade que somos todos iguais? Não temos a tendência de agir da mesma forma? Entra em cena Jesus, que diz: "Pois quem quiser salvar a sua vida a perderá, mas quem perder a sua vida por minha causa, a encontrará" (Mt 16.25). Em outras palavras, o caminho para a alegria e a satisfação não se encontra no controle, mas na rendição. Aqueles que escolhem ser servos de Deus, abrindo mão do controle e entregando-se plenamente à sua vontade e à sua obra, são os que encontram a vida — agora e para sempre.

Devoção

Pai, eu posso viver de modo egoísta, dizendo: "Seja feita a minha vontade", ou posso viver como um servo, dizendo: "Seja feita a tua vontade". Por favor, muda-me. Faze-me mais parecido com Paulo, mais parecido com teu Filho, Jesus. Faze-me lembrar que não sou meu, que fui comprado por um preço.

- Para mais passagens bíblicas sobre servidão, leia Mateus 10.24-25; 20.26; Lucas 19.17; João 15.20; Filipenses 2.5-11.
- Para completar o livro de 2Coríntios durante este estudo em doze partes, leia 2Coríntios 6.1—7.1.

Para pensar

De que modo 1Pedro 4.10-11 se relaciona à passagem bíblica deste capítulo e como você pode vivê-la em sua vida cotidiana?

LIÇÃO 7

Siga o líder

Reflexão

Entre numa livraria e anote todos os títulos relacionados a *liderança*. Sem dúvida esse é um tema quente! Em sua opinião, quais são as qualidades que compõem os melhores líderes?

Situação

Paulo fundou a igreja de Corinto em sua segunda viagem missionária. Pouco tempo depois, alguns autodenominados "apóstolos" se infiltraram no rebanho e deram início a um esforço para obter controle da igreja, caluniando o caráter de Paulo e atacando sua mensagem da graça. Sua resposta nos oferece grandes lições de liderança.

Observação

Leia 2Coríntios 7.2-16 na NVI ou na RA.

Nova Versão Internacional

2 Concedam-nos lugar no coração de vocês. A ninguém prejudicamos, a
ninguém causamos dano, a ninguém exploramos. 3 Não digo isso para conde-
ná-los; já lhes disse que vocês estão em nosso coração para juntos morrermos ou
vivermos. 4 Tenho grande confiança em vocês, e de vocês tenho muito orgulho.
Sinto-me bastante encorajado; minha alegria transborda em todas as tribu-
lações. 5 Pois, quando chegamos à Macedônia, não tivemos nenhum descanso,
mas fomos atribulados de toda forma: conflitos externos, temores internos.
6 Deus, porém, que consola os abatidos, consolou-nos com a chegada de Tito,
7 e não apenas com a vinda dele, mas também com a consolação que vocês lhe
deram. Ele nos falou da saudade, da tristeza e da preocupação de vocês por
mim, de modo que a minha alegria se tornou ainda maior.

8 Mesmo que a minha carta lhes tenha causado tristeza, não me arrepen-
do. É verdade que a princípio me arrependi, pois percebi que a minha carta os

entristeceu, ainda que por pouco tempo. 9 Agora, porém, me alegro, não porque
vocês foram entristecidos, mas porque a tristeza os levou ao arrependimento.
Pois vocês se entristeceram como Deus desejava, e de forma alguma foram
prejudicados por nossa causa. 10 A tristeza segundo Deus não produz remor-
so, mas sim um arrependimento que leva à salvação, e a tristeza segundo o
mundo produz morte. 11 Vejam o que esta tristeza segundo Deus produziu em
vocês: que dedicação, que desculpas, que indignação, que temor, que saudade,
que preocupação, que desejo de ver a justiça feita! Em tudo vocês se mostraram
inocentes a esse respeito. 12 Assim, se lhes escrevi, não foi por causa daquele
que cometeu o erro nem daquele que foi prejudicado, mas para que diante de
Deus vocês pudessem ver por si próprios como são dedicados a nós. 13 Por isso
tudo fomos revigorados. Além de encorajados, ficamos mais contentes ainda
ao ver como Tito estava alegre, porque seu espírito recebeu refrigério de to-
dos vocês. 14 Eu lhe tinha dito que estava orgulhoso de vocês, e vocês não me
decepcionaram. Da mesma forma como era verdade tudo o que lhes dissemos,
o orgulho que temos de vocês diante de Tito também mostrou-se verdadeiro.
15 E a afeição dele por vocês fica maior ainda, quando lembra que todos vocês
foram obedientes, recebendo-o com temor e tremor. 16 Alegro-me por poder ter
plena confiança em vocês.

Almeida Revista e Atualizada

2 Acolhei-nos em vosso coração; a ninguém tratamos com injustiça, a nin-
guém corrompemos, a ninguém exploramos. 3 Não falo para vos condenar;
porque já vos tenho dito que estais em nosso coração para, juntos, morrermos
e vivermos. 4 Mui grande é a minha franqueza para convosco, e muito me
glorio por vossa causa; sinto-me grandemente confortado e transbordante de
júbilo em toda a nossa tribulação. 5 Porque, chegando nós à Macedônia, ne-
nhum alívio tivemos; pelo contrário, em tudo fomos atribulados: lutas por
fora, temores por dentro. 6 Porém Deus, que conforta os abatidos, nos consolou
com a chegada de Tito; 7 e não somente com a sua chegada, mas também pelo
conforto que recebeu de vós, referindo-nos a vossa saudade, o vosso pranto, o
vosso zelo por mim, aumentando, assim, meu regozijo.

8 Porquanto, ainda que vos tenha contristado com a carta, não me ar-
rependo; embora já me tenha arrependido (vejo que aquela carta vos con-
tristou por breve tempo), 9 agora, me alegro não porque fostes contristados,
mas porque fostes contristados para arrependimento; pois fostes contristados
segundo Deus, para que, de nossa parte, nenhum dano sofrêsseis. 10 Por-
que a tristeza segundo Deus produz arrependimento para a salvação, que
a ninguém traz pesar; mas a tristeza do mundo produz morte. 11 Porque
quanto cuidado não produziu isto mesmo em vós que, segundo Deus, fostes

contristados! Que defesa, que indignação, que temor, que saudades, que zelo,
que vindita! Em tudo destes prova de estardes inocentes neste assunto.
[12] Portanto, embora vos tenha escrito, não foi por causa do que fez o mal,
nem por causa do que sofreu o agravo, mas para que a vossa solicitude a
nosso favor fosse manifesta entre vós, diante de Deus. [13] Foi por isso que nos
sentimos confortados. E, acima desta nossa consolação, muito mais nos ale-
gramos pelo contentamento de Tito, cujo espírito foi recreado por todos vós.
[14] Porque, se nalguma coisa me gloriei de vós para com ele, não fiquei enver-
gonhado; pelo contrário, como, em tudo, vos falamos com verdade, também
a nossa exaltação na presença de Tito se verificou ser verdadeira. [15] E o seu
entranhável afeto cresce mais e mais para convosco, lembrando-se da obe-
diência de todos vós, de como o recebestes com temor e tremor. [16] Alegro-me
porque, em tudo, posso confiar em vós.

Exploração

1. De que modo a defesa de Paulo aqui corresponde à declaração clássica de Jesus: "Vocês os conhecerão pelo que eles fazem" (Mt 7.16)?

____

____

2. Cite algumas maneiras de que um líder pode perder a confiança de seus liderados.

____

____

3. Que valiosas lições sobre confrontação você encontra aqui?

____

____

4. Paulo menciona seu orgulho dos coríntios (v. 4). Quando foi a última vez em que um líder ou uma autoridade fez comentários assim a seu respeito? Como aquelas palavras o afetaram?

____

____

5. O que é uma tristeza segundo Deus?

Inspiração

Espie dentro da prisão e veja por si mesmo: encurvado e frágil, algemado ao braço de um guarda romano. Eis o apóstolo de Deus. Quem sabe quando foi a última vez que suas costas se recostaram numa cama ou que sua boca saboreou uma boa refeição? Três décadas de viagens e confusões, o que ele tem a mostrar?

Há brigas em Filipos, competições em Corinto, os legalistas estão fervilhando na Galácia. Creta está assolada de gente gananciosa. Éfeso é perseguida por mulherengos. Até mesmo alguns dos amigos de Paulo se voltaram contra ele.

Falido. Sem família. Sem posses. Míope e cansado.

Sim, ele teve seus momentos. Falou com um imperador certa vez, mas não conseguiu convertê-lo. Fez uma palestra no clube de homens do Areópago, mas não o convidaram para falar lá novamente. Passou alguns dias com Pedro e os rapazes em Jerusalém, mas parecia que não conseguiam se dar bem, então Paulo pegou a estrada.

E nunca saiu dela. Éfeso, Tessalônica, Atenas, Siracusa, Malta. A única lista maior que seu itinerário era a de seu infortúnio. Apedrejado numa cidade e abandonado em outra. Chegou perto de se afogar tantas vezes quanto de morrer de fome. Se ele passasse mais do que uma semana no mesmo lugar, tratava-se provavelmente de uma prisão.

Nunca recebeu um salário. Tinha de pagar suas próprias despesas de viagem. Mantinha um trabalho paralelo de meio expediente para pagar as contas.

Não parece um herói.

Tampouco soa como tal. Ele se apresentava como o pior pecador na história. Foi um assassino de cristãos antes de ser um líder cristão. Nos momentos em que seu coração estava muito pesado, a pena de Paulo corria sozinha pela página. "Miserável homem que eu sou! Quem me libertará do corpo sujeito a esta morte?" (Rm 7.24).

Só Deus sabe quanto tempo ele contemplou a questão antes de encontrar coragem para desafiar a lógica e escrever: "Graças a Deus por Jesus Cristo, nosso Senhor!" (Rm 7.25).

Num minuto ele está no comando; no seguinte, está em dúvida. Um dia ele está pregando; no seguinte, está na prisão. E é exatamente onde eu gostaria que você olhasse para ele. Olhe para ele na prisão.

Finja que não o conhece. Você é um guarda, um cozinheiro ou um amigo do carrasco e veio para dar uma última olhada no sujeito enquanto afinam a lâmina do machado.

O que você vê ao redor de sua cela não é muito. Mas então eu me inclino e digo a você: "Este homem vai mudar o curso da história".

TRECHO DE *QUANDO DEUS SUSSURRA O SEU NOME*

REAÇÃO

6. Que coisas faziam de Paulo um líder improvável? Que qualidades ou experiências o equipavam para um serviço tão admirável como o de apóstolo?

____

____

7. Se você pudesse fazer alguma pergunta a Paulo, qual seria?

____

____

8. Os coríntios eram a igreja "problema" de Paulo. Ele os confrontou repetidas vezes. O que dá a alguém a autoridade e a confiança de confrontar outra pessoa?

____

____

9. Alguém disse que o arrependimento não é apenas lamentar o erro; é lamentar tanto a ponto de mudar. Comente esse pensamento.

10. Quando foi a última vez que um líder confrontou você? O que aconteceu?

11. De que modo específico você pode ser um melhor seguidor daqueles que o lideram?

Lições de vida

Se um líder é alguém que influencia outros a seguir numa direção específica e a realizar certas metas, então todo mundo pode e deve ser um líder. Um pai deve impactar sua família. Um aluno da terceira série pode liderar seus colegas de classe numa direção saudável. Uma mãe dona de casa pode fazer a diferença na vida de seus vizinhos. Um gerente pode afetar as pessoas de seu escritório. O exemplo de Paulo nos lembra que a liderança efetiva, honrosa a Deus, está enraizada em honestidade, integridade, preocupação legítima, coragem e comunicação direta. Todos têm a capacidade de liderar alguém e todos têm a necessidade de seguir outra pessoa. Lembre-se: aquele que não está disposto a seguir é inadequado para liderar.

Devoção

Pai, obrigado pelos fortes líderes que puseste em minha vida. Nenhum deles é perfeito, mas todos possuem pontos fortes, dos quais posso me beneficiar. Faze-me lembrar de sempre orar por eles e dá-me oportunidades de encorajá-los de formas tangíveis e concretas.

- Para mais passagens das Escrituras sobre liderança bíblica, leia Tito 1; 1Timóteo 3.1-13; Hebreus 13.17.

- Para completar o livro de 2Coríntios durante este estudo em doze partes, leia 2Coríntios 7.2-16.

Para pensar

A lição anterior se concentrava em *serviço*; esta analisa princípios de *liderança*. Como as duas coisas estão relacionadas?

LIÇÃO 8

O DINHEIRO É IMPORTANTE

Reflexão

Passar a bandeja de coleta... pedir dinheiro... sermões sobre dízimo... Consegue pensar num assunto que gere mais desconfiança, tensão ou desaprovação do que esse? Por que doar é um tema tão delicado para tantos cristãos?

Situação

Depois de defender seu caráter e seu ministério de ataques ferozes, Paulo pediu que os cristãos de Corinto completassem uma coleta, prometida um ano antes, para a igreja em estado deplorável em Jerusalém. Estes capítulos compreendem o ensino mais extenso e detalhado sobre doação no Novo Testamento.

Observação

Leia 2Coríntios 9.1-15 na NVI ou na RA.

Nova Versão Internacional

1 Não tenho necessidade de escrever-lhes a respeito dessa assistência aos
santos. 2 Reconheço a sua disposição em ajudar e já mostrei aos macedônios o
orgulho que tenho de vocês, dizendo-lhes que, desde o ano passado, vocês da
Acaia estavam prontos a contribuir; e a dedicação de vocês motivou a muitos.
3 Contudo, estou enviando os irmãos para que o orgulho que temos de vocês a
esse respeito não seja em vão, mas que vocês estejam preparados, como eu disse
que estariam, 4 a fim de que, se alguns macedônios forem comigo e os encontra-
rem despreparados, nós, para não mencionar vocês, não fiquemos envergonha-
dos por tanta confiança que tivemos. 5 Assim, achei necessário recomendar que
os irmãos os visitem antes e concluam os preparativos para a contribuição
que vocês prometeram. Então ela estará pronta como oferta generosa, e não
como algo dado com avareza.

*6 Lembrem-se: aquele que semeia pouco, também colherá pouco, e aquele
que semeia com fartura, também colherá fartamente. 7 Cada um dê conforme
determinou em seu coração, não com pesar ou por obrigação, pois Deus ama
quem dá com alegria. 8 E Deus é poderoso para fazer que lhes seja acrescentada
toda a graça, para que em todas as coisas, em todo o tempo, tendo tudo o que é
necessário, vocês transbordem em toda boa obra. 9 Como está escrito:*

> *"Distribuiu, deu os seus bens aos necessitados;*
> *a sua justiça dura para sempre".*

*10 Aquele que supre a semente ao que semeia e o pão ao que come, também
lhes suprirá e multiplicará a semente e fará crescer os frutos da sua justiça.
11 Vocês serão enriquecidos de todas as formas, para que possam ser generosos
em qualquer ocasião e, por nosso intermédio, a sua generosidade resulte em
ação de graças a Deus. 12 O serviço ministerial que vocês estão realizando não
está apenas suprindo as necessidades do povo de Deus, mas também trans-
bordando em muitas expressões de gratidão a Deus. 13 Por meio dessa prova
de serviço ministerial, outros louvarão a Deus pela obediência que acompa-
nha a confissão que vocês fazem do evangelho de Cristo e pela generosidade
de vocês em compartilhar seus bens com eles e com todos os outros. 14 E nas
orações que fazem por vocês, eles estarão cheios de amor por vocês, por causa
da insuperável graça que Deus tem dado a vocês. 15 Graças a Deus por seu
dom indescritível!*

Almeida Revista e Atualizada

*1 Ora, quanto à assistência a favor dos santos, é desnecessário escrever-vos,
2 porque bem reconheço a vossa presteza, da qual me glorio junto aos macedô-
nios, dizendo que a Acaia está preparada desde o ano passado; e o vosso zelo
tem estimulado a muitíssimos. 3 Contudo, enviei os irmãos, para que o nosso
louvor a vosso respeito, neste particular, não se desminta, a fim de que, como
venho dizendo, estivésseis preparados, 4 para que, caso alguns macedônios fo-
rem comigo e vos encontrem desapercebidos, não fiquemos nós envergonhados
(para não dizer, vós) quanto a esta confiança. 5 Portanto, julguei conveniente
recomendar aos irmãos que me precedessem entre vós e preparassem de ante-
mão a vossa dádiva já anunciada, para que esteja pronta como expressão de
generosidade e não de avareza.*

*6 E isto afirmo: aquele que semeia pouco pouco também ceifará; e o que
semeia com fartura com abundância também ceifará. 7 Cada um contribua
segundo tiver proposto no coração, não com tristeza ou por necessidade; porque
Deus ama a quem dá com alegria. 8 Deus pode fazer-vos abundar em toda*

graça, a fim de que, tendo sempre, em tudo, ampla suficiência, superabundeis em toda boa obra, [9] *como está escrito:*

> *Distribuiu, deu aos pobres, a sua justiça permanece para sempre.*

[10] *Ora, aquele que dá semente ao que semeia e pão para alimento também suprirá e aumentará a vossa sementeira e multiplicará os frutos da vossa justiça,* [11] *enriquecendo-vos, em tudo, para toda generosidade, a qual faz que, por nosso intermédio, sejam tributadas graças a Deus.* [12] *Porque o serviço desta assistência não só supre a necessidade dos santos, mas também redunda em muitas graças a Deus,* [13] *visto como, na prova desta ministração, glorificam a Deus pela obediência da vossa confissão quanto ao evangelho de Cristo e pela liberalidade com que contribuís para eles e para todos,* [14] *enquanto oram eles a vosso favor, com grande afeto, em virtude da superabundante graça de Deus que há em vós.* [15] *Graças a Deus pelo seu dom inefável!*

Exploração

1. Vamos direto aos números. Que montante ou porcentagem de seu rendimento Paulo diz que os cristãos deveriam dar?

____

____

2. Todos temos pensamentos como: "Rapaz, eu certamente poderia usar este dinheiro para pagar algumas contas!". Por que deveríamos doar mesmo assim?

____

____

3. Em que sentido a doação demonstra fé?

____

____

4. O que dizer do ensino de que, se você doa bastante, Deus lhe retribuirá bastante? Em que sentido, se for o caso, essa passagem apoia a ideia de que você "não pode dar mais que Deus"?

5. Muitas pessoas — mas não os cristãos macedônios mencionados nestes capítulos — são rápidas em dizer que não dão muito (ou nada) porque não têm muito. Essa é uma desculpa legítima?

Inspiração

Você espera que uma mudança nas circunstâncias provoque transformação em sua atitude? Se for o caso, você está numa prisão e precisa aprender um segredo da viagem sem bagagem. *O que você tem em seu Pastor é maior que o que você não tem na vida.*

Posso me intrometer por um momento? O que está separando você da alegria? Como você preencheria este espaço em branco: "Eu serei feliz quando ________"? Quando for curado. Quando for promovido. Quando estiver casado. Quando ficar solteiro. Quando enriquecer. Como você completaria essa declaração?

Agora, com sua resposta firme na mente, responda ao seguinte: Se o sucesso nunca bater à sua porta, se o seu sonho nunca se concretizar, se a situação nunca mudar, você poderá ser feliz? Se a resposta é *não*, então você está dormindo na cela fria do descontentamento. Está numa prisão. E precisa saber o que tem em seu Pastor.

Você tem um Deus que o escuta, o poder do amor por trás, o Espírito Santo em seu interior e todo o céu à sua frente. Se você tem o Pastor, possui graça para cada pecado, direção para cada curva, iluminação para cada canto, e uma âncora para cada tempestade. Você tem tudo de que precisa.

TRECHO DE *ALIVIANDO A BAGAGEM*

Reação

6. De que modo específico o cristão passa da ganância para a generosidade?

7. Cite cinco palavras que você usaria para descrever seus atuais hábitos de doação.

8. Como você decide quais igrejas, ministérios ou missionários ajudar e quanto doar?

9. É possível doar demais ou num nível imprudente?

10. Por que algumas pessoas ganham dinheiro inesperado e automaticamente pensam em doar, enquanto outros ganham quantias excepcionais imprevistas e imediatamente pensam em gastar?

11. Que conselho você daria a um cristão que reconhece: "Eu sei que preciso doar ao trabalho de Deus, mas por onde começar, uma vez que tenho tantas contas a pagar"?

Lições de vida

Quando se trata de dinheiro, a maioria das pessoas tende a pensar: "U-huu! O que eu posso comprar?!". Depois, se sobra alguma coisa (o que é raro), elas talvez economizem ou doem um pouquinho. Há um jeito melhor, um modelo financeiro mais bíblico: doe primeiro, economize em seguida e gaste por último. Imagine as implicações em longo prazo de tal plano. Imagine chegar ao céu e descobrir centenas ali porque você usou riqueza terrena para ajudar pessoas a compreender a verdade eterna. Mas não só isso, perceba quão menos estressante seria sua vida aqui e agora se você embarcasse num plano disciplinado de economia — economizar para despesas futuras e emergências e para a aposentadoria. Ao restringir seus gastos (algo que todos nós poderíamos fazer), você elimina a probabilidade de acumular dívida de consumidor. Não é difícil de entender. O mau uso do dinheiro nos rouba a alegria. Administrá-lo bem, de modo que possamos ser mais generosos, conduz a ricas bênçãos.

Devoção

Deus, quando eu pensar sobre dinheiro e como administrá-lo de maneira que honre a ti, dá-me fé para crer nas palavras de Jesus — de que é mais abençoado dar do que receber. Quero ser mais generoso, rápido a abrir minha carteira e a preencher meu talão de cheques. Ajuda-me. Transforma-me.

- Para mais passagens bíblicas sobre doação, leia Deuteronômio 15.10-11; Malaquias 3.8; Lucas 6.38; Romanos 12.8; Atos 20.35; 1Timóteo 6.17-19.
- Para completar o livro de 2Coríntios durante este estudo em doze partes, leia 2Coríntios 8.1—9.15.

Para pensar

Ultimamente, quando a oportunidade de doar se apresenta, eu...

MARCO ZERO

REFLEXÃO

Pegue qualquer assunto, situação ou dilema — por exemplo, divórcio, educação de filhos, administração financeira, como lidar com conflitos etc. Considere quantos pontos de vista diferentes (e muitas vezes opostos) as pessoas têm em todas essas questões da vida. Por que tamanha discrepância? Mais importante: como alguém pode saber qual é a perspectiva correta ou mais sábia e o melhor método de ação?

SITUAÇÃO

Devido a alguns pastores rivais que haviam entrado em Corinto e tentado desacreditar Paulo e sua mensagem da graça, o apóstolo sentiu-se obrigado a defender seu ministério e sua mensagem. No processo ele nos lembra que, por trás das disputas de nossa vida, uma batalha cósmica mais profunda está em andamento — uma batalha por nossa mente.

OBSERVAÇÃO

Leia 2Coríntios 10.1-18 na NVI ou na RA.

Nova Versão Internacional

1 Eu, Paulo, pela mansidão e pela bondade de Cristo, apelo para vocês; eu,
que sou "humilde" quando estou face a face com vocês, mas "audaz" quando
ausente! 2 Rogo-lhes que, quando estiver presente, não me obriguem a agir
com audácia, tal como penso que ousarei fazer, para com alguns que acham
que procedemos segundo os padrões humanos. 3 Pois, embora vivamos como
homens, não lutamos segundo os padrões humanos. 4 As armas com as quais
lutamos não são humanas; ao contrário, são poderosas em Deus para destruir
fortalezas. 5 Destruímos argumentos e toda pretensão que se levanta contra

o conhecimento de Deus, e levamos cativo todo pensamento, para torná-lo obediente a Cristo. 6 E estaremos prontos para punir todo ato de desobediência, uma vez estando completa a obediência de vocês.

7 Vocês observam apenas a aparência das coisas. Se alguém está convencido de que pertence a Cristo, deveria considerar novamente consigo mesmo que, assim como ele, nós também pertencemos a Cristo. 8 Pois mesmo que eu tenha me orgulhado um pouco mais da autoridade que o Senhor nos deu, não me envergonho disso, pois essa autoridade é para edificá-los, e não para destruí-los. 9 Não quero que pareça que estou tentando amedrontá-los com as minhas cartas. 10 Pois alguns dizem: "As cartas dele são duras e fortes, mas ele pessoalmente não impressiona, e a sua palavra é desprezível". 11 Saibam tais pessoas que aquilo que somos em cartas, quando estamos ausentes, seremos em atos, quando estivermos presentes.

12 Não temos a pretensão de nos igualar ou de nos comparar com alguns que se recomendam a si mesmos. Quando eles se medem e se comparam consigo mesmos, agem sem entendimento. 13 Nós, porém, não nos gloriaremos além do limite adequado, mas limitaremos nosso orgulho à esfera de ação que Deus nos confiou, a qual alcança vocês inclusive. 14 Não estamos indo longe demais em nosso orgulho, como seria se não tivéssemos chegado até vocês, pois chegamos a vocês com o evangelho de Cristo. 15 Da mesma forma, não vamos além de nossos limites, gloriando-nos de trabalhos que outros fizeram. Nossa esperança é que, à medida que for crescendo a fé que vocês têm, nossa atuação entre vocês aumente ainda mais, 16 para que possamos pregar o evangelho nas regiões que estão além de vocês, sem nos vangloriarmos de trabalho já realizado em território de outro. 17 Contudo, "quem se gloriar, glorie-se no Senhor", 18 pois não é aprovado quem a si mesmo se recomenda, mas aquele a quem o Senhor recomenda.

Almeida Revista e Atualizada

1 E eu mesmo, Paulo, vos rogo, pela mansidão e benignidade de Cristo, eu que, na verdade, quando presente entre vós, sou humilde; mas, quando ausente, ousado para convosco, 2 sim, eu vos rogo que não tenha de ser ousado, quando presente, servindo-me daquela firmeza com que penso devo tratar alguns que nos julgam como se andássemos em disposições de mundano proceder. 3 Porque, embora andando na carne, não militamos segundo a carne. 4 Porque as armas da nossa milícia não são carnais, e sim poderosas em Deus, para destruir fortalezas, anulando nós sofismas 5 e toda altivez que se levante contra o conhecimento de Deus, e levando cativo todo pensamento à obediência de Cristo, 6 e estando prontos para punir toda desobediência, uma vez completa a vossa submissão.

7 Observai o que está evidente. Se alguém confia em si que é de Cristo, pense outra vez consigo mesmo que, assim como ele é de Cristo, também nós o

somos. [8] *Porque, se eu me gloriar um pouco mais a respeito da nossa autorida-*
de, a qual o Senhor nos conferiu para edificação e não para destruição vossa,
não me envergonharei, [9] *para que não pareça ser meu intuito intimidar-vos*
por meio de cartas. [10] *As cartas, com efeito, dizem, são graves e fortes; mas a*
presença pessoal dele é fraca, e a palavra, desprezível. [11] *Considere o tal isto:*
que o que somos na palavra por cartas, estando ausentes, tal seremos em atos,
quando presentes. [12] *Porque não ousamos classificar-nos ou comparar-nos com*
alguns que se louvam a si mesmos; mas eles, medindo-se consigo mesmos e
comparando-se consigo mesmos, revelam insensatez.

[13] *Nós, porém, não nos gloriaremos sem medida, mas respeitamos o limite*
da esfera de ação que Deus nos demarcou e que se estende até vós. [14] *Porque não*
ultrapassamos os nossos limites como se não devêssemos chegar até vós, posto
que já chegamos até vós com o evangelho de Cristo; [15] *não nos gloriando fora*
de medida nos trabalhos alheios e tendo esperança de que, crescendo a vossa fé,
seremos sobremaneira engrandecidos entre vós, dentro da nossa esfera de ação,
[16] *a fim de anunciar o evangelho para além das vossas fronteiras, sem com isto*
nos gloriarmos de coisas já realizadas em campo alheio. [17] *Aquele, porém, que*
se gloria, glorie-se no Senhor. [18] *Porque não é aprovado quem a si mesmo se*
louva, e sim aquele a quem o Senhor louva.

Exploração

1. Qual é a discussão ou o conflito básico que está ocorrendo em Corinto?

2. Paulo afirma que, debaixo da superfície das coisas, o inimigo (isto é, o diabo) tem um ponto de apoio na igreja de Corinto. O que isso significa e como algo assim poderia acontecer?

3. Como Paulo defende que sejam tratados o pensamento e o comportamento errados na igreja?

4. Paulo não está ansioso para confrontar o pequeno grupo de coríntios que continua a se opor a sua autoridade dada por Deus, mas está disposto a fazer o que for necessário para preservar a igreja. Por que esse tipo de liderança corajosa é importante?

5. Em que sentido devemos ficar alerta por este incidente, no qual sugestões críveis eram feitas por pessoas aparentemente espirituais usando um linguajar religioso?

Inspiração

Seu coração é uma estufa fértil, pronta para produzir bons frutos. Sua mente é a porta de entrada para seu coração — o lugar estratégico onde você determina quais sementes plantar e quais descartar. O Espírito Santo está pronto para ajudá-lo a manejar e filtrar os pensamentos que tentam entrar. Ele pode ajudá-lo a guardar o seu coração.

Ele está do seu lado no umbral. Um pensamento se aproxima, um pensamento questionável. Você escancara a porta e o deixa entrar? É claro que não. Você "leva cativo todo pensamento, para torná-lo obediente a Cristo" (2Co 10.5). Você não deixa a porta desprotegida. Você a mantém equipada com algemas e grilhões, pronta para capturar e impedir a entrada de quaisquer pensamentos inadequados.

Em favor da discussão, vamos imaginar que um pensamento a respeito de sua autoestima se aproxima. Com toda a petulância de um valentão da vizinhança, o pensamento irrompe pela porta e diz: "Você é um perdedor. Por toda a sua vida foi um perdedor. Estragou relacionamentos, empregos e ambições. Bem que poderia escrever a palavra *ordinário* em seu currículo, pois é isso o que você é".

A pessoa comum escancararia a porta e deixaria o pensamento entrar. Como a semente de uma erva daninha, encontraria solo fértil, firmaria raízes e produziria os espinhos da inferioridade. Ela diria: "Você está certo. Eu sou um ordinário. Entre".

Mas, como cristão, você não é uma pessoa comum. Você é guiado pelo Espírito. Portanto, em vez de deixar o pensamento entrar, você o torna cativo. Põe algemas nesse pensamento e marcha pela rua até o tribunal, onde o apresenta perante o tribunal de Cristo.

"Jesus, este pensamento diz que sou um ordinário e um perdedor e que nunca serei nada. O que o senhor acha?"

Percebe o que está fazendo? Você está submetendo o pensamento à autoridade de Jesus. Se Cristo concorda com o pensamento, então o deixe entrar. Se não, chute-o para fora. Neste caso, Jesus discorda.

Como você sabe se ele concorda ou discorda? Simples, basta abrir sua Bíblia.

TRECHO DE *SIMPLESMENTE COMO JESUS*

REAÇÃO

6. Como sua vida mudaria se você desenvolvesse essa disciplina de prender e examinar cada pensamento?

7. O que podemos aprender aqui sobre o caráter e a determinação do inimigo de nossa alma?

8. Por que as ideias de Paulo sobre como pensar e o que pensar são mais válidas do que as ideias dos líderes religiosos da oposição em Corinto?

9. Que medidas concretas você pode tomar para submeter cada pensamento à autoridade de Cristo (dica: cf. At 17.10-12 para obter um exemplo)?

____

____

10. Consegue pensar numa ocasião em que um pensamento errado resultou em escolhas erradas em sua vida? E o que dizer sobre quando o pensamento certo levou a escolhas sábias?

____

____

11. O que este capítulo sugere sobre o papel dos líderes espirituais em ajudar seus seguidores a pensar e viver de maneiras honrosas a Deus?

____

____

Lições de vida

O universo não é um lugar neutro. Existe uma guerra em andamento, e o principal campo de batalha está em nossa mente. O dia todo, todos os dias, nós somos bombardeados com palavras, ideias, imagens e sugestões. De anúncios a *blogs*, de cientistas a pregadores de televisão, enfrentamos contínua exposição a várias perspectivas e valores diferentes. Nem toda informação a que somos expostos é verdadeira. Muito dela é nociva e oposta ao que Deus diz. E, uma vez que ideias sempre têm consequências, uma vez que aquilo em que cremos irá, em última análise, determinar nosso comportamento, devemos tomar uma atitude radical. O que podemos fazer? Acordar. Vestir a armadura de Deus (Ef 6). Orar por sabedoria. Pensar de forma crítica. Praticar o discernimento. Renovar nossa mente diariamente (Rm 12.2).

Devoção

Deus todo-poderoso, incita-me neste dia a lembrar-me de que estou numa batalha espiritual. O que penso e creio afetará meu modo de viver. Concede-me o discernimento para ver o mundo como tu o vês. Ajuda-me a pensar cada vez mais como Jesus, para que eu viva cada vez mais como ele.

- Para mais passagens bíblicas sobre guerra espiritual, leia Romanos 13.12; 2Coríntios 6.7; Efésios 6.10-17; 1Timóteo 6.12; 1Pedro 2.11; 5.8.
- Para completar o livro de 2Coríntios durante este estudo em doze partes, leia 2Coríntios 10.1-18.

Para pensar

Descreva o atual estado de seu coração e sua mente. Quais são os pensamentos que geram o maior estrago em sua alma?

PERSEVERANÇA

REFLEXÃO

No uso da Bíblia, o verbo *perseverar* significa literalmente *permanecer sob*. Muito mais que a noção comum de resignar-se passivamente às dificuldades da vida, o verbo sugere uma corajosa capacidade de suportar adversidades de um jeito triunfante. Considerando esse significado, quem são seus heróis pessoais de perseverança e por quê?

SITUAÇÃO

Com sua liderança e autoridade desafiadas por certos pastores rivais não identificados, Paulo com relutância expressou uma diferença básica entre ele e os outros: se eu não sou um apóstolo legítimo, chamado por Deus, então por que suportaria prontamente tanta coisa pelo evangelho? E por que esses autoproclamados líderes espirituais são tão ávidos em evitar provações?

OBSERVAÇÃO

Leia 2Coríntios 11.16-31 na NVI ou na RA.

Nova Versão Internacional

16 *Faço questão de repetir: Ninguém me considere insensato. Mas se vocês*
assim me consideram, recebam-me como receberiam um insensato, a fim de
que eu me orgulhe um pouco. 17 *Ao ostentar este orgulho, não estou falando se-*
gundo o Senhor, mas como insensato. 18 *Visto que muitos estão se vangloriando*
de modo bem humano, eu também me orgulharei. 19 *Vocês, por serem tão sábios,*
suportam de boa vontade os insensatos! 20 *De fato, vocês suportam até quem*
os escraviza ou os explora, ou quem se exalta ou lhes fere a face. 21 *Para minha*
vergonha, admito que fomos fracos demais para isso!

Naquilo em que todos os outros se atrevem a gloriar-se — falo como
insensato — eu também me atrevo. 22 *São eles hebreus? Eu também. São*

israelitas? Eu também. São descendentes de Abraão? Eu também. 23 São eles
servos de Cristo? — estou fora de mim para falar desta forma — eu ainda
mais: trabalhei muito mais, fui encarcerado mais vezes, fui açoitado mais
severamente e exposto à morte repetidas vezes. 24 Cinco vezes recebi dos judeus
trinta e nove açoites. 25 Três vezes fui golpeado com varas, uma vez apedre-
jado, três vezes sofri naufrágio, passei uma noite e um dia exposto à fúria
do mar. 26 Estive continuamente viajando de uma parte a outra, enfrentei
perigos nos rios, perigos de assaltantes, perigos dos meus compatriotas, perigos
dos gentios; perigos na cidade, perigos no deserto, perigos no mar, e perigos dos
falsos irmãos. 27 Trabalhei arduamente; muitas vezes fiquei sem dormir, passei
fome e sede, e muitas vezes fiquei em jejum; suportei frio e nudez. 28 Além dis-
so, enfrento diariamente uma pressão interior, a saber, a minha preocupação
com todas as igrejas. 29 Quem está fraco, que eu não me sinta fraco? Quem
não se escandaliza, que eu não me queime por dentro? 30 Se devo orgulhar-me,
que seja nas coisas que mostram a minha fraqueza. 31 O Deus e Pai do Senhor
Jesus, que é bendito para sempre, sabe que não estou mentindo.

Almeida Revista e Atualizada

16 Outra vez digo: ninguém me considere insensato; todavia, se o pensais,
recebei-me como insensato, para que também me glorie um pouco. 17 O que
falo, não o falo segundo o Senhor, e sim como por loucura, nesta confiança de
gloriar-me. 18 E, posto que muitos se gloriam segundo a carne, também eu me
gloriarei. 19 Porque, sendo vós sensatos, de boa mente tolerais os insensatos.
20 Tolerais quem vos escravize, quem vos devore, quem vos detenha, quem
se exalte, quem vos esbofeteie no rosto. 21 Ingloriamente o confesso, como se
fôramos fracos.

Mas, naquilo em que qualquer tem ousadia (com insensatez o afirmo),
também eu a tenho. 22 São hebreus? Também eu. São israelitas? Também
eu. São da descendência de Abraão? Também eu. 23 São ministros de Cristo?
(Falo como fora de mim.) Eu ainda mais: em trabalhos, muito mais; muito
mais em prisões; em açoites, sem medida; em perigos de morte, muitas vezes.
24 Cinco vezes recebi dos judeus uma quarentena de açoites menos um; 25 fui
três vezes fustigado com varas; uma vez, apedrejado; em naufrágio, três ve-
zes; uma noite e um dia passei na voragem do mar; 26 em jornadas, muitas
vezes; em perigos de rios, em perigos de salteadores, em perigos entre patrícios,
em perigos entre gentios, em perigos na cidade, em perigos no deserto, em
perigos no mar, em perigos entre falsos irmãos; 27 em trabalhos e fadigas,
em vigílias, muitas vezes; em fome e sede, em jejuns, muitas vezes; em frio
e nudez. 28 Além das coisas exteriores, há o que pesa sobre mim diariamente,
a preocupação com todas as igrejas. 29 Quem enfraquece, que também eu não

enfraqueça? Quem se escandaliza, que eu não me inflame? [30] *Se tenho de gloriar-me, gloriar-me-ei no que diz respeito à minha fraqueza.* [31] *O Deus e Pai do Senhor Jesus, que é eternamente bendito, sabe que não minto.*

Exploração

1. Em que ocasião, se houver, é legítimo que um cristão compare seu "currículo espiritual" com o de outra pessoa?

2. Provérbios 27.2 diz: "Que outros façam elogios a você, não a sua própria boca". Como conciliamos os comentários de Paulo aqui com esse antigo mandamento?

3. O que é mais difícil e por quê: suportar provação física ou estresse emocional?

4. Por que a perseverança é uma qualidade tão importante para o líder cristão?

5. Por que Paulo escolhe vangloriar-se de coisas que mostram sua fraqueza?

Inspiração

Uma das curas de Deus para a fé fraca? Uma luta boa e saudável. Muitos anos atrás nossa família visitou o Colonial Williamsburg, uma recriação dos Estados Unidos do século 18 em Williamsburg, Virginia. Se você visitar aquele lugar, preste atenção especial no trabalho do ferreiro. O artesão põe um lingote de prata sobre uma bigorna e o martela com uma marreta. Uma vez que o metal estiver plano o suficiente para a moldagem, segue para a fornalha. O ferreiro aquece e martela o metal alternadamente, até tomar a forma de uma ferramenta utilizável.

Aquecer, martelar. Aquecer, martelar.

Prazos, tráfego.

Discussões, desrespeito.

Sirenes altas, celulares silenciosos.

Aquecer, martelar. Aquecer, martelar.

Você sabia que a palavra em inglês para ferreiro é *silversmith*, que vem do antigo verbo *smite* — "bater"? Ferreiros são talentosos batedores. Assim é Deus. Uma vez que o ferreiro está satisfeito com a forma de sua ferramenta, ele começa a laminar e polir. Usando martelos menores e esponjas abrasivas, ele golpeia, esfrega e decora. E ninguém o detém. Ninguém tira o martelo de sua mão e diz: "Pega leve com essa prata. Você já bateu demais!". Não, o artesão acerta o metal até ele estar finalizado. Ouvi dizer que alguns ferreiros continuam polindo até poderem ver seu rosto na ferramenta. Quando Deus vai parar de trabalhar em você? Quando vir o reflexo dele em sua vida.

TRECHO DE *QUEM TEM SEDE VENHA*

REAÇÃO

6. O que você acha desta ideia — de que Deus não só permite, mas de fato participa da moldagem dolorosa de seus filhos?

____

____

7. Que tipos de situações ríspidas da vida são as mais difíceis para você suportar?

____

____

8. Se críticos atacassem seu caráter e fé, que "credenciais" você ofereceria para mostrar a legitimidade de sua experiência cristã?

9. Você concorda com a premissa básica de Paulo, de que a falta de disposição para suportar sugere uma falta de convicção — de que a perseverança é uma das marcas definitivas de um crente em Jesus? Explique sua resposta.

10. Como podemos saber a diferença entre a perseverança honrosa a Deus e a teimosia ou a fidelidade a uma causa equivocada?

11. Quais foram as maiores provações em sua vida e o que você aprendeu com elas?

Lições de vida

Como pessoas imperfeitas vivendo entre outras pessoas imperfeitas num mundo decaído, nós nunca deveríamos ficar surpresos com os momentos desagradáveis da vida. Ainda mais que isso, porém: deveríamos nos lembrar que nossa condição de filhos de Deus significa que o maligno nos escolhe para seu ataque especial. Podemos responder a essas realidades reclamando e nos tornando pessoas amargas. Ou podemos decidir, com a ajuda divina, pelo poder do Espírito de Deus que em nós habita, suportar triunfantemente. Podemos deixar as irritações e as provações da vida nos transformarem nas pessoas que Deus nos criou para ser. Quando nos entregamos ao processo inevitável, determinados a permanecer ali e glorificar a Cristo, não importa o que aconteça, nosso caráter muda. E, à medida que isso acontece, nos tornamos poderosas testemunhas da realidade de Deus.

Devoção

Pai, obrigado pelo notável exemplo de Paulo — sua convicção sólida como a rocha da realidade do evangelho, que lhe permitiu suportar todo tipo de dificuldades. Faze-me disposto a pagar qualquer preço e carregar qualquer fardo pela esperança de te fazer sorrir e pela alegria de te fazer conhecido.

- Para mais passagens bíblicas sobre perseverança, leia Romanos 5.1-5; Hebreus 12.1; Tiago 1.2-8.
- Para completar o livro de 2Coríntios durante este estudo em doze partes, leia 2Coríntios 11.1-33.

Para pensar

As situações mais difíceis em minha vida, neste momento, as áreas em que preciso de fôlego renovado de perseverança são...

LIÇÃO 11

Amparado pela graça

Reflexão

Quando alguém fala de sua *história* espiritual ou sua *jornada* espiritual, está se referindo a sua experiência pessoal singular de responder ao gracioso envolvimento de Deus em sua vida. Em sua vida espiritual, quando e onde você encontrou o Senhor de forma mais vívida?

Situação

Numa tentativa de reconquistar a confiança e o apoio do grupo de cristãos de Corinto que questionam suas credenciais espirituais, Paulo fala abertamente de todas as suas experiências com Deus: certos momentos sublimes e de êxtase, mas sobretudo longos períodos de luta.

Observação

Leia 2Coríntios 12.1-13 na NVI ou na RA.

Nova Versão Internacional

1 É necessário que eu continue a gloriar-me com isso. Ainda que eu não
ganhe nada com isso, passarei às visões e revelações do Senhor. 2 Conheço um
homem em Cristo que há catorze anos foi arrebatado ao terceiro céu. Se foi no
corpo ou fora do corpo, não sei; Deus o sabe. 3 E sei que esse homem — se
no corpo ou fora do corpo, não sei, mas Deus o sabe — 4 foi arrebatado ao
paraíso e ouviu coisas indizíveis, coisas que ao homem não é permitido falar.
5 Nesse homem me gloriarei, mas não em mim mesmo, a não ser em minhas
fraquezas. 6 Mesmo que eu preferisse gloriar-me não seria insensato, porque
estaria falando a verdade. Evito fazer isso para que ninguém pense a meu
respeito mais do que em mim vê ou de mim ouve.

7 Para impedir que eu me exaltasse por causa da grandeza dessas revelações, foi-me dado um espinho na carne, um mensageiro de Satanás, para me atormentar. 8 Três vezes roguei ao Senhor que o tirasse de mim. 9 Mas ele me disse: "Minha graça é suficiente para você, pois o meu poder se aperfeiçoa na fraqueza". Portanto, eu me gloriarei ainda mais alegremente em minhas fraquezas, para que o poder de Cristo repouse em mim. 10 Por isso, por amor de Cristo, regozijo-me nas fraquezas, nos insultos, nas necessidades, nas perseguições, nas angústias. Pois, quando sou fraco é que sou forte.

11 Fui insensato, mas vocês me obrigaram a isso. Eu devia ser recomendado por vocês, pois em nada sou inferior aos "superapóstolos", embora eu nada seja. 12 As marcas de um apóstolo — sinais, maravilhas e milagres — foram demonstradas entre vocês, com grande perseverança. 13 Em que vocês foram inferiores às outras igrejas, exceto no fato de eu nunca ter sido um peso para vocês? Perdoem-me esta ofensa!

Almeida Revista e Atualizada

1 Se é necessário que me glorie, ainda que não convém, passarei às visões e revelações do Senhor. 2 Conheço um homem em Cristo que, há catorze anos, foi arrebatado até ao terceiro céu (se no corpo ou fora do corpo, não sei, Deus o sabe) 3 e sei que o tal homem (se no corpo ou fora do corpo, não sei, Deus o sabe) 4 foi arrebatado ao paraíso e ouviu palavras inefáveis, as quais não é lícito ao homem referir. 5 De tal coisa me gloriarei; não, porém, de mim mesmo, salvo nas minhas fraquezas. 6 Pois, se eu vier a gloriar-me, não serei néscio, porque direi a verdade; mas abstenho-me para que ninguém se preocupe comigo mais do que em mim vê ou de mim ouve.

7 E, para que não me ensoberbecesse com a grandeza das revelações, foi-me posto um espinho na carne, mensageiro de Satanás, para me esbofetear, a fim de que não me exalte. 8 Por causa disto, três vezes pedi ao Senhor que o afastasse de mim. 9 Então, ele me disse: A minha graça te basta, porque o poder se aperfeiçoa na fraqueza. De boa vontade, pois, mais me gloriarei nas fraquezas, para que sobre mim repouse o poder de Cristo. 10 Pelo que sinto prazer nas fraquezas, nas injúrias, nas necessidades, nas perseguições, nas angústias, por amor de Cristo. Porque, quando sou fraco, então, é que sou forte.

11 Tenho-me tornado insensato; a isto me constrangestes. Eu devia ter sido louvado por vós; porquanto em nada fui inferior a esses tais apóstolos, ainda que nada sou. 12 Pois as credenciais do apostolado foram apresentadas no meio de vós, com toda a persistência, por sinais, prodígios e poderes miraculosos. 13 Porque, em que tendes vós sido inferiores às demais igrejas, senão neste fato de não vos ter sido pesado? Perdoai-me esta injustiça.

Exploração

1. O que exatamente aconteceu nessa visão, e que conclusão Paulo quer que extraiamos dela?

2. Ao descrever sua visão, por que Paulo fala de si mesmo na terceira pessoa?

3. O que Paulo quer dizer quando fala de receber um "espinho na carne"?

4. Por que Paulo enxerga essa dificuldade contínua — seja ela qual for — como algo bom?

5. Em que sentido a atitude de Paulo é diferente do "pensamento positivo" cotidiano?

Inspiração

Você se pergunta por que Deus não remove a tentação de sua vida? Se ele o fizesse, você poderia confiar em sua própria força, em vez de na graça dele. Alguns tropeços podem ser o que você precisa para convencê-lo de que a graça divina é suficiente para seu pecado.

Você se pergunta por que Deus não remove os inimigos de sua vida? Talvez porque ele quer que você ame como ele ama.

Qualquer um pode amar um amigo, mas somente alguns poucos podem amar um inimigo. E qual o problema se você não for o herói de todos? A graça dele é suficiente para sua autoimagem.

Você se pergunta por que Deus não altera sua personalidade? Você, como Paulo, não é muito polido? Diz coisas de que se arrepende mais tarde ou toma atitudes que depois questiona? Por que Deus não faz você mais parecido com ele? Ele faz. Só que o Senhor ainda não terminou. Até lá, a graça dele é suficiente para superar os seus defeitos.

Você se pergunta por que Deus não o cura? Ele *já* o curou. Se você está em Cristo, possui uma alma perfeita e um corpo perfeito. O plano dele é lhe dar a alma agora e o corpo quando você chegar ao lar. Ele pode escolher curar partes de seu corpo antes do céu. Mas, se não o fizer, ainda assim não haveria razão para ser grato? Se ele nunca lhe der nada além da vida eterna, você poderia pedir por algo mais? A graça dele é suficiente para a gratidão.

Você se pergunta por que Deus não lhe dá uma habilidade? Se Deus ao menos fizesse de você um cantor, um corredor, um escritor ou um missionário. Mas aí está você, surdo para música, lento de pé e mente. Não se desespere. A graça de Deus ainda é suficiente para terminar o que ele começou. E até o Senhor terminar, deixe Paulo lembrá-lo de que o poder está na mensagem, não no mensageiro. A graça dele é suficiente para falar claramente quando você não o faz.

Apesar de tudo que não sabemos sobre espinhos, podemos estar certos disto: Deus preferiria ter um coxo ocasional que um presunçoso perpétuo. E se é preciso um espinho para fazê-lo confirmar seu ponto, ele nos ama o bastante para não arrancá-lo.

Deus tem todo o direito de nos dizer *não*. Nós temos todos os motivos para lhe dizer *obrigado*.

TRECHO DE *NAS GARRAS DA GRAÇA*

REAÇÃO

6. Qual seria nossa reação provável se tivéssemos a força e o conhecimento para lidar com toda situação?

7. Descreva um momento recente em sua vida no qual você encontrou força de Deus mais do que capaz de compensar sua incapacidade pessoal.

8. Como podemos saber quando estamos ficando espiritualmente orgulhosos?

9. De quais maneiras Deus tem tornado você mais humilde?

10. De que modo, em termos práticos, um cristão pode desenvolver a qualidade de deleitar-se na fraqueza e confiar mais plenamente no poder de Deus?

11. Você tem um "espinho na carne" que Deus se recusa a remover? Se for o caso, qual é esse espinho e como você tem sido fortalecido por ele?

Lições de vida

A Bíblia compara a vida cristã a uma caminhada ao longo da vida ou mesmo a uma corrida (2Tm 4.7) por uma estrada estreita

(Mt 7.14). Em outros lugares encontramos metáforas militares (Ef 6.10-17; 2Tm 2.3-4). Imagens duras assim — a vida como uma jornada perigosa e uma batalha cruel — deveriam nos incitar a parar e refletir. Como podemos continuar seguindo até o fim? Como sairemos vitoriosos? A experiência e os conselhos de Paulo são úteis. Deus não isenta seus filhos amados das provações. Em vez disso, ele nos ajuda a superá-las. Surpreendentemente, ele age de forma mais eficaz em nossa fraqueza e por meio dela. Quando estamos perdidos e sem poder, ficamos muito mais propensos a clamar por ele e a ele nos apegar. Quer os tempos sejam bons quer ruins, nós vivemos pela graça. Sempre somos chamados a confiar plenamente em seu favor maravilhoso.

Devoção

Quão verdadeiro é isto, Senhor... tu de fato ages e te moves de maneiras misteriosas. Obrigado por aqueles momentos em que tu estás tão próximo e és tão real que quase posso tocar-te. Obrigado pela promessa de que, em minhas horas mais sombrias, tu estás comigo e tua graça é mais que suficiente.

- Para mais passagens bíblicas sobre força na fraqueza, leia 1Samuel 17; Isaías 40.28-31; Romanos 8.26; 1Coríntios 2.1-5.
- Para completar o livro de 2Coríntios durante este estudo em doze partes, leia 2Coríntios 12.1-13.

Para pensar

Em que áreas você precisa confiar na graça e no poder de Deus em sua vida?

LIÇÃO 12

MATURIDADE

REFLEXÃO

Da mesma forma que todo bebê precisa crescer, cada recém-nascido espiritual também precisa amadurecer em sua fé. Três perguntas relacionadas: como funciona isso de crescer espiritualmente? Como alguém pode saber se está crescendo? Quando aconteceu seu crescimento mais drástico em sua jornada de fé?

SITUAÇÃO

Paulo conclui sua segunda carta aos coríntios com firmes garantias de seu amor e com um forte apelo para que eles se afastem de seus caminhos mundanos de pensar e viver. As marcas de uma comunidade cristã saudável e madura são a pureza, a humildade e a unidade.

OBSERVAÇÃO

Leia 2Coríntios 12.19—13.11 na NVI ou na RA.

Nova Versão Internacional

19 Vocês pensam que durante todo este tempo estamos nos defendendo pe-
rante vocês? Falamos diante de Deus como alguém que está em Cristo, e tudo
o que fazemos, amados irmãos, é para fortalecê-los. 20 Pois temo que, ao visitá-
-los, não os encontre como eu esperava, e que vocês não me encontrem como
esperavam. Temo que haja entre vocês brigas, invejas, manifestações de ira,
divisões, calúnias, intrigas, arrogância e desordem. 21 Receio que, ao visitá-los
outra vez, o meu Deus me humilhe diante de vocês e eu lamente por causa de
muitos que pecaram anteriormente e não se arrependeram da impureza, da
imoralidade sexual e da libertinagem que praticaram.

13.1 Esta será minha terceira visita a vocês. "Toda questão precisa ser con-
firmada pelo depoimento de duas ou três testemunhas". 2 Já os adverti quando

estive com vocês pela segunda vez. Agora, estando ausente, escrevo aos que antes pecaram e aos demais: quando voltar, não os pouparei, 3 visto que vocês estão exigindo uma prova de que Cristo fala por meu intermédio. Ele não é fraco ao tratar com vocês, mas poderoso entre vocês. 4 Pois, na verdade, foi crucificado em fraqueza, mas vive pelo poder de Deus. Da mesma forma, somos fracos nele, mas, pelo poder de Deus, viveremos com ele para servir vocês.

5 Examinem-se para ver se vocês estão na fé; provem-se a si mesmos. Não percebem que Cristo Jesus está em vocês? A não ser que tenham sido reprovados! 6 E espero que saibam que nós não fomos reprovados. 7 Agora, oramos a Deus para que vocês não pratiquem mal algum. Não para que os outros vejam que temos sido aprovados, mas para que vocês façam o que é certo, embora pareça que tenhamos falhado. 8 Pois nada podemos contra a verdade, mas somente em favor da verdade. 9 Ficamos alegres sempre que estamos fracos e vocês estão fortes; nossa oração é que vocês sejam aperfeiçoados. 10 Por isso escrevo estas coisas estando ausente, para que, quando eu for, não precise ser rigoroso no uso da autoridade que o Senhor me deu para edificá-los, e não para destruí-los. 11 Sem mais, irmãos, despeço-me de vocês! Procurem aperfeiçoar-se, exortem-se mutuamente, tenham um só pensamento, vivam em paz. E o Deus de amor e paz estará com vocês.

Almeida Revista e Atualizada

19 Há muito, pensais que nos estamos desculpando convosco. Falamos em Cristo perante Deus, e tudo, ó amados, para vossa edificação. 20 Temo, pois, que, indo ter convosco, não vos encontre na forma em que vos quero, e que também vós me acheis diferente do que esperáveis, e que haja entre vós contendas, invejas, iras, porfias, detrações, intrigas, orgulho e tumultos. 21 Receio que, indo outra vez, o meu Deus me humilhe no meio de vós, e eu venha a chorar por muitos que, outrora, pecaram e não se arrependeram da impureza, prostituição e lascívia que cometeram.

13.1 Esta é a terceira vez que vou ter convosco. Por boca de duas ou três testemunhas, toda questão será decidida. 2 Já o disse anteriormente e torno a dizer, como fiz quando estive presente pela segunda vez; mas, agora, estando ausente, o digo aos que, outrora, pecaram e a todos os mais que, se outra vez for, não os pouparei, 3 posto que buscais prova de que, em mim, Cristo fala, o qual não é fraco para convosco; antes, é poderoso em vós. 4 Porque, de fato, foi crucificado em fraqueza; contudo, vive pelo poder de Deus. Porque nós também somos fracos nele, mas viveremos, com ele, para vós outros pelo poder de Deus.

5 Examinai-vos a vós mesmos se realmente estais na fé; provai-vos a vós mesmos. Ou não reconheceis que Jesus Cristo está em vós? Se não é que já estais reprovados. 6 Mas espero reconheçais que não somos reprovados.

7 Estamos orando a Deus para que não façais mal algum, não para que,
simplesmente, pareçamos aprovados, mas para que façais o bem, embora
sejamos tidos como reprovados. 8 Porque nada podemos contra a verdade,
senão em favor da própria verdade. 9 Porque nos regozijamos quando nós
estamos fracos e vós, fortes; e isto é o que pedimos: o vosso aperfeiçoamento.
10 Portanto, escrevo estas coisas, estando ausente, para que, estando presente,
não venha a usar de rigor segundo a autoridade que o Senhor me conferiu
para edificação e não para destruir. 11 Quanto ao mais, irmãos, adeus! Aper-
feiçoai-vos, consolai-vos, sede do mesmo parecer, vivei em paz; e o Deus de
amor e de paz estará convosco.

Exploração

1. Paulo lista alguns comportamentos negativos que ele teme serem persistentes entre os coríntios. De que modos a lista dele difere de uma outra que fosse escrita para a sua igreja ou o seu grupo de estudos?

____

____

2. O que Paulo quer dizer com viver "pelo poder de Deus" (cf. 2Co 13.4)?

____

____

3. O que significa "examinai-vos a vós mesmos se realmente estais na fé" (cf. 2Co 13.5)?

____

____

4. Apesar de suas palavras duras, o desejo de Paulo era edificar os coríntios, não derrubá-los (cf. 2Co 12.19; 13.10). De que maneiras específicas os cristãos podem edificar uns aos outros?

____

____

5. Para terminar, Paulo defende que seus leitores "tenham um só pensamento, vivam em paz" (cf. 2Co 13.11). Por que isso é muito mais fácil de dizer do que de fazer?

____

____

Inspiração

A suspeita e a desconfiança muitas vezes espreitam a mesa de Deus. Os batistas desconfiam dos metodistas. A Igreja de Cristo evita os presbiterianos. Os calvinistas zombam dos arminianos. Carismáticos. Imersionistas. Dicotomistas. Em volta da mesa os irmãos discutem. O Pai suspira.

O Pai suspira porque possui um sonho. "Tenho outras ovelhas que não são deste aprisco. É necessário que eu as conduza também. Elas ouvirão a minha voz, e haverá um só rebanho e um só pastor" (Jo 10.16).

Deus tem um só rebanho. Por alguma razão, nós nos esquecemos disso. A divisão religiosa não é ideia de Deus. Privilégios e sectarismo não estão nos planos dele. Deus tem um rebanho. O rebanho tem um pastor. E mesmo podendo achar que haja muitos, estamos errados. Há somente um.

A Bíblia em nenhum momento nos diz para criarmos a unidade. Diz apenas para mantermos a que já existe. Paulo nos exorta a "conservar a unidade do Espírito pelo vínculo da paz" (Ef 4.3). Nossa tarefa não é inventar a unidade, mas reconhecê-la.

A propósito, sabe os nomes de igrejas sobre as quais fazemos piadas? Eles não existem no céu. O Livro da Vida não discrimina a sua denominação ao lado de seu nome. Por quê? Porque não é a denominação que salva a pessoa. E eu me pergunto: se não há denominações no céu, por que temos denominações na terra?

O que aconteceria (sei que é loucura pensar nisso), mas o que aconteceria se todas as igrejas concordassem, num certo dia, em mudar seu nome para apenas "igreja"? E se qualquer referência a quaisquer denominações fosse removida e fôssemos todos somente cristãos? E, então, quando as pessoas escolhessem qual igreja frequentar, não o fariam pela placa no lado de fora... fariam pelo coração das pessoas em seu interior. E quando perguntassem às pessoas que igreja elas frequentam, a resposta não seria um rótulo, mas sim uma localização.

E, então, nós, cristãos, não seríamos conhecidos pelo que nos divide; pelo contrário, seríamos conhecidos pelo que nos une — nosso Pai comum.

Loucura? Talvez.

Mas acho que Deus gostaria disso. Foi ele quem deu a ideia.

TRECHO DE *OUVINDO DEUS NA TORMENTA*

REAÇÃO

6. De que modo — como Paulo — podemos desenvolver a disposição corajosa de falar francamente mas amorosamente às pessoas sobre a importância do crescimento espiritual?

___

___

7. É uma prática comum em sua vida fazer um inventário espiritual? Como e com que frequência você deveria fazer algo assim?

___

___

8. Em que as pessoas de sua vida precisam ser edificadas hoje e de que maneiras?

___

___

9. O que significa, em termos práticos, "aperfeiçoar-se" (cf. 2Co 13.11)?

___

___

10. Atualmente você tem relacionamentos com outros cristãos marcados por atrito e discórdia? O que Deus está incitando você a fazer?

11. Ao relembrar seu estudo de 2Coríntios, que lições ou princípios tiveram maior importância para você? Por quê?

Lições de vida

É da natureza de organismos saudáveis crescer. O fracasso de algo vivo em amadurecer e vicejar não é normal. Uma criança com desenvolvimento lento, ou nenhum, é causa de grande preocupação. Consultas são marcadas. Especialistas, ouvidos. Testes, realizados. Da mesma forma, aqueles que conhecem Cristo devem estar se desenvolvendo espiritualmente. É preciso haver sinais de crescimento e mudança. Quando afirmamos ser seguidores de Cristo, mas não exibimos a conduta e o caráter dele, algo está claramente errado. Examine sua vida. Você tem o desejo de pureza pessoal? É marcado por uma humildade crescente? Busca a unidade com outros crentes em Jesus? Esses são indicadores confiáveis da transformação divina.

Devoção

Pai, sou lembrado mais uma vez de que não crescer não é uma opção para teus filhos. Tu começaste a boa obra em mim, que continuará até Cristo voltar. Faze-me um parceiro disposto nesta grande reforma eterna. Obrigado por tua paciência quando eu tropeço.

- Para mais passagens bíblicas sobre maturidade, leia 1Coríntios 3.1-4; Efésios 4.14-15; Hebreus 6.1; 1Pedro 2.2.
- Para completar o livro de 2Coríntios durante este estudo em doze partes, leia 2Coríntios 12.14—13.14.

Para pensar

Descreva duas ou três áreas de sua vida nas quais gostaria que Deus o ajudasse a amadurecer.

NOTA AO LEITOR

Os textos da seção "Inspiração" foram traduzidos diretamente dos originais em inglês de Max Lucado.

Os livros a seguir foram publicados por W Publishing Group, uma divisão da Thomas Nelson, Inc., Nashville, Tennessee, EUA. Quando for o caso, apresentamos entre colchetes as correspondentes versões em português.

A Gentle Thunder. Copyright © 1995 de Max Lucado. [*Ouvindo Deus na tormenta*. Rio de Janeiro: CPAD, 2006.]

Come Thirsty. Copyright © 2004 de Max Lucado. [*Quem tem sede venha*. Rio de Janeiro: CPAD, 2006.]

Cure for the Common Life. Copyright © 2005 de Max Lucado.

In The Grip of Grace. Copyright © 1996 de Max Lucado. [*Nas garras da graça*. Rio de Janeiro: CPAD, 1999.]

Just Like Jesus. Copyright © 1998 de Max Lucado. [*Simplesmente como Jesus*. Rio de Janeiro: CPAD, 2005.]

Traveling Light. Copyright © 2001 de Max Lucado. [*Aliviando a bagagem*. Rio de Janeiro: CPAD, 2002.]

When Christ Comes Copyright © 1999 de Max Lucado. [*Quando Cristo voltar*. Rio de Janeiro: CPAD, 2003.]

When God Whispers Your Name. Copyright © 1994, 1999 de Max Lucado. [*Quando Deus sussurra o seu nome*. Rio de Janeiro: CPAD, 2010.]

O livro a seguir foi publicado por Integrity Publishers, Brentwood, Tennessee, EUA.

It's Not About Me. Copyright © 2004 de Max Lucado. [*Isto não é para mim*. Rio de Janeiro: CPAD, 2005.]

Coleção lições de vida

Max Lucado

- *O evangelho de Mateus*
- *O evangelho de Marcos*
- *O evangelho de Lucas*
- *O evangelho de João*
- *Atos*
- *Romanos*
- *1Coríntios*

Compartilhe suas impressões de leitura escrevendo para:
opiniao-do-leitor@mundocristao.com.br
Acesse nosso *site*: www.mundocristao.com.br

Diagramação: Triall Composição Editorial Ltda.
Revisão: Josemar de Souza Pinto
Gráfica: Imprensa da Fé
Fonte: Adobe Caslon Pro
Papel: Offset 63 g/m² (miolo)
Cartão 250 g/m² (capa)